AF494482

ESSAI

SUR LE CLASSEMENT CHRONOLOGIQUE DES SCULPTEURS GRECS LES PLUS CÉLÈBRES.

ESSAI

SUR LE CLASSEMENT CHRONOLOGIQUE DES SCULPTEURS GRECS LES PLUS CÉLÈBRES (1).

PAR M. T. B. ÉMÉRIC-DAVID, MEMBRE DE L'INSTITUT DE FRANCE (ACADÉMIE DES INSCRIPTIONS ET BELLES-LETTRES).

Je me propose de rappeler dans ce mémoire quels furent les grands maîtres grecs qui portèrent la sculpture à la plus haute perfection, et surent l'y maintenir. Je ferai en sorte de fixer les différentes époques où vécurent ces habiles artistes, et de rappeler les principes qu'ils se transmirent *comme de main en main* (2). Comment prononcer les noms de Phidias, de Myron, de Scopas, de Lysippe, de Praxitèle, sans demander s'il existe encore quelqu'un des chefs-d'œuvre de ces hommes célèbres, ou s'il est du moins parvenu jusqu'à nous quelques belles copies de leurs ouvrages? Je rapporterai ce que les antiquaires ont écrit à ce sujet de plus probable. Persuadé que les Anciens nous ont transmis dans des fables un grand nombre de faits relatifs à l'histoire et à la théorie des sciences et des arts, je voudrais remonter d'abord à Prométhée, à Vulcain, de qui les mythes, évidemment mêlés d'allégories, me paraissent renfermer les principes les plus importants de l'art statuaire; mais je me bornerai quant à présent à ce qui est purement historique.

Je n'ai pas suivi l'ordre chronologique de Pline : mon objet, au contraire, a été de relever les nombreuses méprises, où des renseignements apparemment équivoques ont entraîné ce savant écrivain. Il suivrait de sa chronologie, que l'art aurait éprouvé chez les Anciens des révolutions semblables à celles qui l'ont conduit plusieurs fois chez les Modernes du médiocre au bien, du sublime au médiocre, et cette opinion ne serait pas seulement inexacte; elle pourrait encore devenir pernicieuse. En assignant à chaque artiste son époque, nous verrons avec satisfaction l'art grec s'élever jusqu'à une beauté achevée par une marche toujours progressive, se soutenir pendant plusieurs siècles dans une étonnante perfection, décliner ensuite lentement, et enfin se corrompre par la puissance des circonstances politiques qui dominaient la Grèce, sans

(1) Cet ouvrage a été publié en 1806, et réimprimé en 1807. En le publiant aujourd'hui pour la troisième fois, j'ai cherché à l'améliorer par quelques corrections et de nombreuses additions. J'ai aussi fait remarquer par des notes additionnelles que plusieurs statues dont je parle, et qui se voyaient dans notre Musée royal, en 1806, ne s'y trouvent plus.

(2) Pausan. lib. VI, cap. 3.

perdre totalement sa grandeur. Son état successif est semblable à celui d'un homme sage, dont la vigueur est à tous les âges un produit de sa raison autant qu'un don de la nature. La différence entre les Anciens et les Modernes est venue, à ce qu'il me semble, de ce que chez les premiers les artistes s'étaient formé des règles qu'ils se transmettaient fidèlement dans les écoles, et dont le goût général de la nation protégeait le maintien ; tandis que chez les Modernes chaque artiste n'a eu de lois que ses propres inclinations, ou bien a cédé inconsidérément à l'influence usurpée de quelques génies dominateurs. C'est cette vérité importante que j'ai voulu mettre en évidence (1).

Dibutade de Sicyone et Dédale l'Athénien commencent la longue série des artistes connus, qui se transmirent ces règles précieuses de l'art qu'on disait avoir été enseignées par les dieux.

Personne n'ignore l'histoire de la fille de Dibutade. On sait que le père de cette fille ingénieuse appliquant de l'argile dans un profil qu'elle avait tracé sur l'ombre de son amant, modela un médaillon. Telle fut chez les Grecs, suivant une heureuse tradition, l'origine de la *plastique*, ou de l'art de modeler (2). Pline donne ce récit comme un fait certain (3). Si on le regardait comme une fable, cette fable serait encore plus instructive que la réalité. La plastique, invention d'une amante, n'ayant dû chercher dans son premier essai que la représentation fidèle d'un objet aimé, une semblable fiction signifierait évidemment que le premier mérite de l'art de modeler, et par conséquent de l'art statuaire, consiste dans une imitation vive et parlante de la nature.

Les prodiges mêlés à l'histoire de Dédale ont porté quelques écrivains modernes à regarder cet artiste comme un personnage fabuleux. Les Anciens ne paraissent pas avoir douté de son existence. Dédale était fils d'Eupalamus, petit-fils de Métion, et arrière-petit-fils d'Érechthée, roi d'Athènes (4). Il naquit, suivant les calculs d'un savant chronologiste, vers l'an 1400 avant notre ère (5). Une ancienne épigramme grecque lui donne le titre de Héros (6). Il était regardé comme le premier qui eût osé

(1) Le présent *Essai* n'est que l'esquisse d'un travail plus étendu.

(2) Athénagoras suppose que Dibutade était plus ancien que Dédale (Legat. pro Christ. pag. 60, ed. 1706) Je me conforme à cette tradition, par la raison que si le médaillon de Dibutade eût été fait après les ouvrages de Dédale, il n'aurait plus rien offert de remarquable.

(3) Plin. lib. XXXV, cap. 43, éd. de Hard. Le médaillon que l'on regardait comme l'ouvrage de Dibutade fut conservé à Corinthe jusqu'à la prise de cette ville par Mummius.

(4) Platon, Diodore de Sicile et Plutarque le disent fils de Métion, et petit-fils d'Érechthée. Je me conforme à l'opinion d'Apollodore, de Servius, de Lactance, etc. adoptée par M. Larcher, Histoire d'Hérod. Chronol. tom. VII, pag. 342 et 544.

(5) M. Larcher, ibid.

(6) Antholog. græc. lib. IV, tit. VI.

séparer les jambes des statues en ronde bosse. Pausanias dit que ses ouvrages, quoique grossiers, avaient quelque chose de divin (1). Homère fait le plus bel éloge d'un bas-relief de sa composition, qui représentait un chœur de danses, en disant que Vulcain l'avait imité sur le bouclier d'Achille (2). Suivant Diodore de Sicile, ce fut l'admiration qu'inspirèrent ses ouvrages qui lui fit attribuer des aventures fabuleuses (3). On dit de lui, comme de Prométhée, que Minerve avait daigné l'instruire (4). Ses statues respiraient, elles marchaient; il fallait les enchaîner; sans cette précaution, elles quittaient leur base et prenaient la fuite (5). Il éleva par reconnaissance une statue à Hercule, qui avait honoré d'une sépulture son fils Icare : cette statue, dit Apollodore, ressemblait parfaitement au héros; Hercule qui l'aperçut durant la nuit, lui lança une pierre, la prenant pour un être vivant (6). Ces fables, ou plutôt ces exagérations, sont une nouvelle preuve de l'esprit qui dirigeait les artistes dans les premiers temps. Cet esprit ne changea point : les Grecs s'exprimaient encore à peu près dans les mêmes termes en parlant des ouvrages de Scopas, de Lysippe et de Praxitèle; ils en admiraient la grace, la noblesse, la grandeur; mais ils accordaient encore de plus grands éloges à la vérité de l'imitation; ils croyaient rendre à un statuaire l'hommage le plus accompli, l'élever en quelque sorte au rang des dieux, en disant qu'il avait réellement animé l'airain ou le marbre.

Plusieurs artistes contemporains de Dédale, moins célèbres que lui, ne furent peut-être pas moins habiles. Les habitants de l'île de Délos consacrèrent, à cette époque reculée, une statue à Apollon, qui était l'ouvrage d'un de leurs concitoyens. Le dieu tenait son arc dans la main droite; de l'autre il portait les trois Graces, représentées, la première avec une lyre, la seconde avec des flûtes, et celle du milieu avec un chalumeau qu'elle approchait de sa bouche (7).

Smilis d'Égine, de qui la Junon était révérée dans le temple d'Argos, vivait à la même époque (8).

Dédale eut pour élève Endœus d'Athènes (9). On attribuait à cet ar-

(1) Pausan. lib. II, cap. 4.

(2) Iliad. lib. XVIII, vs. 590 seqq. Lucian. de Salt. cap. 13; Pausan. lib. IX, cap. 40; Callistr. in Stat. Cupid. Praxit. Philostr. Icon. in Pyr.

(3) Diodor. Sicul. lib. IV, cap. 76.

(4) Hygin. Fab. XXXIX.

(5) Diodor. Sicul. loc. cit. Plat. in Men. Lucian. in Philops. cap. 19; Hesych. voc. Δαιδάλεια.

(6) Apollod. lib. II, cap. 6, sect. 3, § 4.

(7) Plutarch. de Music. tom. II Opp. pag. 1136.

(8) Pausan. lib. VII, cap. 4.

(9) Pausan. lib. I, cap. 26; Athenag. Legat. pro Christ. pag. 61.

tiste trois statues de Minerve. L'une de ces figures existait encore dans le temple d'Érythres, au temps de Pausanias. Elle était en bois et très-grande; elle représentait Minerve *Poliade* (ou *protectrice de la ville*). La déesse était assise sur un trône; elle tenait une quenouille des deux mains, et portait sur la tête un emblème du pôle céleste (1). Endœus avait placé aux avenues du temple des statues en pierre représentant les Saisons et les Graces (2). Une autre de ces figures de Minerve était conservée dans la citadelle d'Athènes (3). La troisième était celle de Minerve *Aléa;* elle était toute d'ivoire. Auguste l'enleva de la ville de Tégée, et la plaça dans le *forum* qu'il fit construire à Rome (4).

Vers le temps du siège de Troie vivaient Icmalius, qu'Homère a voulu sans doute honorer, en disant qu'il avait façonné le fauteuil arrondi, entièrement en ivoire et en argent, sur lequel s'asséyait Pénélope(5); Epéus, dont Platon et Pausanias avaient vu des ouvrages (6); Alexanor, fils de Machaon, à qui les habitants de Titane dédièrent une statue (7), et d'autres artistes que les héros grecs, après la destruction de Troye, employèrent à élever des monuments qui devaient perpétuer le souvenir de leur victoire.

On peut croire que Rhœcus, natif de Samos, florissait vers la première olympiade (8), car Téléclès son fils, et Théodore, que Pausanias et Hérodote disent fils de Téléclès (9), vivaient l'un et l'autre long-temps avant que les Bacchiades fussent chassés de Corinthe (10), et l'expulsion de cette famille se rapporte à la seconde année de la vingt-neuvième olympiade (ou à l'an 663 avant notre ère). Ce fut dans le même temps, c'est-à-dire vers la première olympiade, qu'un artiste dont les Anciens ne nous ont pas transmis le nom, sculpta le coffre qui fut ensuite consacré par les Cypsélides dans le temple de Junon à Olympie (11). Ce coffre précieux était de bois de cèdre; il était orné sur toutes les faces de bas-reliefs représentant l'histoire des dieux et des héros grecs; plusieurs de ces bas-reliefs étaient en or et en ivoire, et appliqués sur le bois; les autres étaient sculptés sur le bois même.

(1) Pausan. lib. VII, cap. 5.
(2) Id. ibid.
(3) Id. lib. I, cap. 26.
(4) Id. lib. VIII, cap. 46.
(5) Odyss. lib. XIX, vs. 56, 57.
(6) Plat. Ion. Pausan. lib. II, cap. 19.
(7) Id. lib. II, cap. 2.
(8) L'an 776 avant J.-C.
(9) Herodot. lib. III, cap. 41; Pausan. lib. VIII, cap. 14.
(10) Plin. lib. XXXV, cap. 43.
(11) Pausan. lib. V, cap. 17, 18, 19; Fréret, Acad. des Belles-Lettres, tom. VII, p. 295.

Gitiadas de Lacédémone exécuta dans sa patrie des statues, des bas-reliefs et des trépieds de bronze. Cet artiste n'était pas seulement statuaire, il était architecte, il était poète : il avait composé des cantiques sur des airs doriens, et entre autres un hymne en l'honneur de Minerve. Il florissait pendant la première guerre de Messénie; plusieurs de ses ouvrages furent exécutés immédiatement après la prise d'Ithome, qui eut lieu la deuxième année de la quatorzième olympiade (1).

Théodore de Samos, qu'on dit le second de ce nom, fils de Téléclès, était regardé comme l'inventeur d'un art qui a été mis rarement en pratique, celui de faire des ouvrages de sculpture en fer fondu (2). Cet artiste était orfèvre, architecte et graveur en pierres fines. C'est lui qui avait gravé l'émeraude que Polycrate, tyran de Samos, jeta dans la mer, et qu'il eut, dit-on, le chagrin de retrouver dans le corps d'un poisson (3). Il doit être placé entre la quinzième et la vingt-deuxième olympiade (4).

Vers la trente-huitième vivait Malas de Chio (5). Il eut pour fils Micciade, qui fut père d'Anthermus ; celui-ci eut deux fils, Bupalus et Anthermus que Suidas nomme *Athénis*. On compte ainsi dans cette famille quatre générations de sculpteurs illustres (6).

Dipœnus et Scyllis (7), qui florissaient vers la cinquantième olympiade (l'an 580 avant notre ère), acquirent autant de renommée par le mérite de leurs élèves que par leurs propres ouvrages. Ils formèrent Léarque de Rhège, Émilus d'Égine, Théoclès fils d'Hégylus, Dontas, Doryclidas et son frère Médon, tous de Lacédémone, et entre autres, Tectéus et Angélion, qui furent les maîtres de Callon d'Égine (8).

Émilus, Théoclès, Médon, Doryclidas s'illustrèrent par des statues en ivoire et en or, représentant Jupiter, Junon, Thémis, les Saisons, Minerve, que l'on conservait toutes à Élis dans le temple de Junon (9). Ces figures

(1) Pausan. lib. III, cap. 17, 18, et lib. IV, cap. 14.

(2) Pausan. lib. III, cap. 12.

(3) Herodot. lib. III, cap. 41, 42 ; Pausan. lib. VIII, cap. 14 ; Plin. lib. XXXVII, c. 2 et 4.

(4) Je fonde mon opinion, 1° sur le témoignage de Pline, qui dit que Théodore de Samos florissait long-temps avant que les Bacchiades eussent été chassés de Corinthe (lib. XXXV, cap. 43); 2° sur le sentiment d'Eusèbe, qui place ce dernier événement à la première année de la trentième olympiade (Chronic. lib. poster. pag. 121), et sur celui de Larcher, qui le porte à la deuxième année de la vingt-neuvième. (Hist. d'Hérodot. Chronol. tom. VII, p. 527.) Ce savant place Théodore de Samos à la vingt-deuxième. Ibid. pag. 601.

(5) M. Heyne, des Époques de l'Art. Rec. de pièces intéressantes, publiées par M. Jansen, tom. III, pag. 88.

(6) Plin. lib. XXXVI, cap. 4; Suid. voc. Ἱππῶναξ. Quelques éditions de Pline, et notamment celle de Brotier, portent d'après l'*editio princeps*, *Archermus* au lieu d'*Anthermus*.

(7) Plin. lib. XXXVI, cap. 4.

(8) Pausan. lib. II, cap. 32 ; lib. III, cap. 17 ; lib. V, cap. 17 ; lib. VI, cap. 19.

(9) Pausan. lib. V, cap. 17.

d'un style *simple et roide* (1), mais remarquables par leur richesse, doivent être classées vers la cinquante-quatrième olympiade.

Bathyclès de Magnésie se rendit célèbre par le trône d'Apollon qu'il éleva dans le temple d'Amycles. Ce monument, sur lequel il plaça une ancienne statue colossale du fils de Latone, était soutenu par des figures représentant les Saisons et les Graces, et orné de bas-reliefs où l'on voyait l'histoire des dieux presque entière; il était accompagné de différentes statues, toutes faites par Bathyclès (2). Crésus fournit aux Lacédémoniens l'or nécessaire pour le décorer. Il fut élevé vers la cinquante-sixième olympiade (3).

Bupalus et Anthermus, natifs de Chio, arrière-petit-fils de Malas, vivaient dans la soixantième. Ces deux frères ayant exécuté divers ouvrages à Délos, osèrent y graver cette inscription : *Les fils d'Anthermus te rendront célèbre, ô Chio, autant et plus que tes vignes.* Ils se permirent aussi de modeler un portrait du poète Hipponax qui était d'une extrême laideur, et de l'exposer à la risée du public. Le poète indigné se vengea par des vers satiriques qui portèrent la douleur dans le cœur de ces artistes orgueilleux (4). On voyait à Rome plusieurs de leurs ouvrages dans des temples élevés par Auguste (5); on y a découvert de nos jours un piédestal portant cette inscription : *Bupalus la faisait* (6).

Élève de Tectéus et d'Angélion, Callon d'Égine doit être placé vers la soixante-cinquième olympiade, ainsi qu'Hégésias, son contemporain. Ils n'étaient exempts ni l'un ni l'autre de la sécheresse des anciens maîtres. Ces deux statuaires sont les premiers dont Quintilien ait fait mention (7) : cela vient apparemment de ce que malgré la dureté et le style étrusque qu'il leur reproche, il les jugeait supérieurs à leurs prédéces-

(1) Pausan. lib. V, cap. 17.

(2) Pausan. lib. III, cap. 18.

(3) Herodot. lib. I, cap. 69; Pausan. lib. III, cap. 10; Diog. Laert. vit. Thales, cap. 1, segm. 28, 29; Fréret, Académie des Belles-Lettres, tome VII, pag. 596, 598. Les Lacédémoniens, voulant témoigner à Crésus leur reconnaissance pour les dons qu'ils en avaient reçus, lui firent présent d'un cratère de bronze, qui était un objet d'un grand prix. Ce cratère contenait trois cents amphores; il était orné extérieurement, et jusqu'au bord, d'un grand nombre de figures d'animaux en relief. Il fut déposé peu de temps après à Samos, dans le temple de Junon. Herodot. lib. I, cap. 70.

(4) Horat. Epod. od. VI; Plin. lib. XXXVI, cap. 4; Anthol. græc. lib. III, cap. 25, n° 25.

(5) Plin. lib. XXXVI, cap. 4.

(6) Ce piédestal a été trouvé dans la même fouille que la Vénus accroupie sortant du bain. On en voit une copie au Musée Napoléon, servant de support à cette même statue de Vénus. Mais le style de cette figure ne permet pas de croire qu'elle soit d'un temps aussi reculé. M. Visconti, Mus. Pio-Clem. tom. I, tav. 10; Id. Notice des statues antiques du Musée Napoléon, n° 54.

(7) Quintil. lib. X, cap. 12.

seurs. Callon était auteur d'une Minerve Sthéniade en bois, que l'on conservait dans la citadelle de Trézène (1).

Hégésias exécuta des statues de bronze de Castor et de Pollux, qui furent transportées à Rome, et placées devant le temple de Jupiter Tonnant (2).

Daméas de Crotone mérite une attention particulière. Il y a lieu de croire que la statue de Milon, son compatriote, qu'il exécuta au plus tard vers la soixante-septième olympiade, était une de ces statues *iconiques* ou *statues-portraits*, qui devaient offrir dans chacune de leurs parties *une image parfaitement ressemblante du corps des athlètes* (3). Milon avait remporté six fois, à cette époque, le prix de la lutte (4). L'usage d'élever des statues iconiques aux athlètes couronnés trois fois, que Pline donne comme très-ancien, dut nécessairement précéder les chefs-d'œuvre de Phidias et les règles de proportions perfectionnées par Pythagore de Rhège et par Polyclète; mais d'un autre côté on ne saurait le faire remonter au-delà du temps où vivaient les élèves de Dipœnus et de Scyllis. La statue de Milon était de bronze; cet athlète la porta sur ses épaules, pour la placer au lieu qu'elle devait occuper dans le bois appelé l'*Altis*, consacré à Jupiter, auprès d'Olympie (5).

Aristoclès de Cydon exécuta un groupe, qui représentait Hercule combattant contre une amazone à laquelle il voulait enlever un baudrier; le héros était à pied, l'amazone à cheval. Ce groupe fut sculpté avant que la ville de Zancle eût pris le nom de Messine, c'est-à-dire avant la soixante-onzième olympiade (6).

(1) Pausan. lib. II, c. 32. Pline, en plaçant ce maître à la 87e olympiade (lib. XXXIV, cap. 19), a brouillé les époques et obscurci l'histoire des progrès de l'art.

(2) Plin. lib. XXXIV, c. 19, § 16, ed. Hard. D'Hancarville avait apparemment oublié que cet artiste était *dur et presque Toscan*, et en outre que ces statues de Castor et Pollux étaient en bronze, lorsqu'il a cru les retrouver dans les groupes de Montecavallo. Poinsinet, dans ses notes sur Pline, a confondu Hégésias avec Agathias, auteur de la statue appelée *le gladiateur combattant;* et, d'un autre côté, renversant le texte de Pline, il a attribué les statues de Castor et Pollux à Hégias, qui exécuta une statue de Pyrrhus deux cents ans plus tard. Hardouin a rétabli le texte de Pline, et il s'est par là trouvé d'accord avec Quintilien.

(3) Plin. lib. XXXIV, cap. 9.

(4) Diod. Sic. lib. XII, cap. 9. Corsini, induit en erreur, avait pensé que Milon commandait l'armée des Crotoniates contre les habitants de Sybaris dans la quatre-vingt-troisième olympiade. (Dissert. Agonist. pag. 134.) M. Larcher a rétabli le fait. (Hist. d'Hérodote, liv. V, § 44, not. 88 et 90, tom. IV, pag. 221, 222.) Milon commandait cette armée vers la troisième année de la soixante-septième olympiade. Objet de l'admiration de ses concitoyens, à cause de ses nombreuses victoires olympiques, il marchait à la tête des troupes armé d'une massue, et couvert d'une peau de lion. Diod. Sic. loc. cit.

(5) Pausan. lib. VI, cap. 14.

(6) Pausanias a placé le changement de nom de la ville de Zancle à la trentième olym-

Cet exposé rapide suffira pour rappeler combien la sculpture avait déja produit de grands ouvrages avant l'invasion des Perses, dans les siècles de Pythagore, de Sapho, de Solon, d'Alcée, d'Archiloque, et même dans les temps héroïques.

A l'époque mémorable marquée par les victoires de Marathon et de Salamine, et par les conquêtes de Cimon, les arts firent des progrès éclatants et rapides. Un grand nombre d'habiles maîtres se succédèrent de très-près dans l'espace de quarante ou cinquante années, et la plupart furent contemporains. Cette période s'étend de la soixante-douzième olympiade à la quatre-vingt-quatrième, c'est-à-dire de l'an 492 à l'an 444 environ avant notre ère.

Il paraît que c'est au talent de Canachus, natif de Sicyone, qu'il faut attribuer en grande partie les progrès de ces cinquante années, époque intéressante qui sépare la première école d'Égine d'avec l'école de Phidias. L'âge moyen de Canachus doit être fixé vers la soixante-septième olympiade. Ce maître ne fut pas entièrement exempt de la sécheresse de ses prédécesseurs; *il ne s'approcha pas assez de la vérité*, dit Cicéron (1); mais si nous en jugeons par le parallèle que cet habile connaisseur établit entre Caton l'Ancien et lui, on admirait dans ses sculptures un caractère grave, mâle, original, et quelque chose de grand et de divin qui le distinguait d'avec tous les statuaires des anciennes écoles (2). Il suffirait de ce rapprochement entre Canachus et Caton l'Ancien, pour montrer à quelle époque florissait Canachus (3). Ses principaux ouvrages furent

piade; Scaliger et Corsini (Fast. Attic. tom. III, pag. 46) à la vingt-neuvième. D'Hancarville les a suivis, afin de reculer l'époque d'Aristoclès. M. Larcher a démontré, avec son exactitude et sa clarté ordinaires, que la nouvelle dénomination de la ville de Zancle doit être placée dans la soixante-onzième. Histoire d'Hérodote, liv. VII, § 164, not. 262, tom. V, pag. 382 et suiv.

(1) « Duriora et Tuscanicis proxima Callon atque Hegesias; jam minus rigida Calamis; molliora adhuc supra dictis Myron fecit ». Quintil. lib. XII, cap. 10. « Quis non intelligit Canachi signa rigidiora esse quam ut imitentur veritatem? Calamidis dura illa quidem; sed tamen molliora quam Canachi ». Cic. de clar. orat. cap. 18, § 70.

(2) « Nec ossa solum, sed etiam sanguinem........ antiquior est hujus sermo, et quædam horridiora verba..... et adde numeros ut aptior sit oratio ». Cic. de clar. orat. cap. 17.

(3) Le temps où vivait Canachus semble pouvoir être fixé par différentes preuves. Premièrement, Cicéron dit d'une manière très-claire (paulo supra, not. 1) que Myron était moins ancien que Calamis, et Calamis moins ancien que Canachus: or, Calamis vivait dans la quatre-vingt-unième et dans la soixante-dix-huitième olympiade; il faut par conséquent faire remonter Canachus au-dessus de cette époque. Secondement, il résulte du témoignage de Cicéron, en le rapprochant de celui de Quintilien déja cité, que Canachus était contemporain de Callon d'Égine; ce dernier était élève de Tectéus et d'Angélion, élèves eux-mêmes de Dipœnus et de Scyllis, et ces artistes vivaient dans la cinquantième olympiade. Troisièmement, Aristoclès, frère de Canachus, eut pour élève Synnoon; Synnoon eut pour élève son fils Ptolichus ou Polyclès; ce dernier fit la statue de Théognète d'Égine, qui remporta le prix

une statue colossale d'Apollon Isménien, en bois de cèdre, qu'on voyait près de la ville de Thèbes; un colosse représentant Apollon Didyméen, adoré à Milet, et la statue de Vénus Uranie, colosse en ivoire et en or, placé dans le temple de cette déesse à Sicyone, figures célèbres, qui subsistaient encore au temps de Pausanias (1).

Aristoclès, frère de Canachus, statuaire ainsi que lui, et presque aussi habile, dit Pausanias, fonda une école où des maîtres se succédèrent sans interruption au nombre de sept. Ce furent Synnoon et son fils Ptolichus, trois autres dont les noms ne nous ont pas été conservés, et ensuite Sostrate, qui transmit son art à son fils Pantias (2).

Ptolichus sculpta la statue de Théognète, qui remporta le prix de la lutte des enfants, vraisemblablement vers la soixante-seizième olympiade.

Glaucias d'Égine exécuta le char et la statue de bronze que Gélon, tyran de Géla, et ensuite de Syracuse, vainqueur à la course des chars dans la soixante-treizième olympiade, fit placer dans l'Altis comme un monument de sa victoire (3). Il sculpta ensuite la statue de Théagène de Thase, vainqueur au pugilat dans la soixante-quinzième olympiade (4), et celle de Philon de Corcyre, deux fois vainqueur au combat du ceste, de laquelle l'inscription fut composée par Simonides, mort la première année de la soixante-dix-huitième (5).

Anaxagoras d'Égine fut auteur de la statue de Jupiter, que les peuples grecs, vainqueurs à Platée, élevèrent à Olympie après cette journée mémorable (6); ce qui appartient à la première année de la soixante-quinzième olympiade.

de la lutte des enfants. (Pausan. lib. VI, cap. 9.) Nous ne savons point en quelle année Théognète fut couronné; mais nous voyons dans Pindare (Pyth. VIII, vers. 48, 49, 50, et Schol. ibid. ad vs. 48), que ce Théognète était oncle d'Aristomène, qui remporta le prix de la lutte des hommes aux jeux pythiens, dans la quatre-vingt-troisième olympiade. Aristomène fut célébré par Pindare, qui mourut la quatrième année de cette même olympiade. (M. Larcher, Hist. d'Hérodote, tome VII, Chronol. pag. 657, 658.) Canachus était par conséquent antérieur à la quatre-vingt-troisième olympiade au moins de deux générations. Quatrièmement enfin, Canachus, de qui le style était *sec et carré*, ne pouvait pas être postérieur à l'époque brillante de Phidias, de Polyclète le Sicyonien, de Naucydès et d'Alcamènes, et il faudrait le croire postérieur à cette époque, si on le supposait élève d'un élève de Naucydès. Il paraît, d'après cela, que Pline a fait une erreur en le plaçant à la quatre-vingt-quinzième olympiade; Winckelmann, Heyne et d'autres savants ont suivi Pline. Conf. Plin. lib. XXXIV, cap. 19.

(1) Pausan. lib. II, cap. 10. Cette statue, qui était en bronze, avait apparemment échappé au ravage de la ville de Milet, qui eut lieu la 3e année de la 71e olympiade.

(2) Pausan. lib. VI, cap. 9.

(3) Herodot. lib. VII, cap. 154, 155, 156; Dionys. Halicarn. Antiq. Rom. lib. VII, cap. 1; Pausan. lib. VI, cap. 9; Corsini, Fast. Attic. tom. III, pag. 153. J'ai ici l'avantage de me trouver d'accord avec M. Ottfried Müller, Æginet. p. 103. (1830.)

(4) Pausan. lib. VI, cap. 6 et 11.

(5) Id. lib. VI, cap. 9.

(6) Id. lib. V, cap. 23.

Simon d'Égine, Dionysius et Glaucus d'Argos, vivaient dans la soixante-seizième olympiade. Le premier avait sculpté des chevaux de bronze, un chien, un archer; Glaucus, une Vesta, un Neptune, une Amphitrite; Dionysius, un Bacchus, un Orphée, un Jupiter, une statue d'Homère, une statue d'Hésiode. Néron fit enlever d'Olympie plusieurs de ces statues, et les fit transporter à Rome (1).

Ménechme et Soïdas ne furent guère moins anciens, dit Pausanias, que Canachus et que Callon d'Égine. Ils exécutèrent ensemble une statue de Diane *Laphria*, en ivoire et en or, pour la ville de Patræ (2). Ménechme composa un traité sur son art (3).

A l'époque où nous sommes parvenus, se présentent en foule des hommes célèbres, qui nous montrent dans toute sa gloire l'école qui précéda Phidias; tous plus âgés que ce grand maître, tous ses contemporains dans une partie de leur vie, ils semblent tous rendre hommage par les défauts plus ou moins sensibles de l'école précédente, dont ils n'étaient pas entièrement exempts, à l'excellence des perfectionnements qu'opéra son génie.

Hippias déja connu à la soixante-septième ou à la soixante-huitième olympiade, par la statue de Duris de Samos, qui remporta le prix du pugilat des enfants, l'année où les Samiens furent chassés de leur île (4), pouvait vivre encore vers la soixante-seizième.

Agéladas, natif d'Argos (5), éleva le monument consacré à Olympie à l'occasion de la victoire remportée par Cléosthène d'Épidamne en la soixante-seizième olympiade. C'était un char de bronze attelé de quatre chevaux; Cléosthène et son écuyer étaient sur le char (6). Vers la fin de

(1) Pausan. lib. V, cap. 26 et 27. Ces trois artistes étaient contemporains de Gélon et d'Hiéron. Dionysius et Glaucus firent la plupart des ouvrages dont nous parlons pour Smicythus, tuteur des enfants d'Anaxilas, tyran de Rhége; Anaxilas mourut la première année de la soixante-seizième olympiade. Herodot. lib. VII, c. 170; M. Larcher, ibid. n. 262, tom. V, pag. 382 et suiv. Diodor. Sic. lib. XI, cap. 48; Macrob. Saturn. lib. I, cap. 11.

(2) Pausan. lib. VII, cap. 18. Il suit de ce passage de Pausanias, que Canachus et Callon d'Égine étaient contemporains.

(3) Pausan. ibid.

(4) Pausan. lib. VI, c. 13; Herodot. lib. III, c. 139, 149; Larcher, ibid. not. 256, 264. Cette statue fut élevée l'année où les Samiens rentrèrent dans leur île sous la conduite d'Anaxagoras de Milet, et celui-ci fut tué dans la Thrace la troisième année de la soixante-dixième olympiade. Larcher, Canon chron. Elle appartient par conséquent à la soixante-neuvième ou à la soixante-dixième olympiade.

(5) Pausan. lib VIII, cap. 42.

(6) Pausan. lib. VI, cap. 10. Agéladas avait exécuté auparavant la statue de Timasithée de Delphes, qui avait remporté trois fois le prix du pancrace aux jeux olympiques. Cet athlète fut mis à mort à Athènes, avec d'autres partisans de l'archonte Isagoras, la première année de la soixante-huitième olympiade. (Pausan. lib. VI, cap. 8; Herodot. lib. V, cap. 72; Corsin. Fast. Attic. tom. III, pag. 130.) Pline a été évidemment induit en erreur, lorsqu'il a placé Agéladas à la quatre-vingt-septième olympiade. Plin. lib. XXXIV, cap. 19.

sa carrière, ce maître exécuta la statue de Jupiter Ithomate, placée dans la forteresse d'Ithome, pendant la troisième guerre de Messénie. Cette statue fut consacrée, lorsque déja les Messéniens possédaient la ville de Naupacte (1). Or, les Athéniens ne leur ayant cédé cette ville qu'après l'expédition de Cimon dans la Messénie (2), fait qui eut lieu la quatrième année de la soixante-dix-neuvième olympiade (3), tandis que d'un autre côté les Messéniens abandonnèrent Ithome la première année de la quatre-vingt-unième (4), il suit de là que cette statue de Jupiter fut exécutée dans la quatre-vingtième olympiade. Winckelmann croyait pouvoir attribuer à Agéladas une statue colossale représentant une Muse, que l'on voit à Rome au palais Barberin (5).

Téléphane, Phocéen de naissance, qu'on assimilait à Pythagore de Rhège et à Myron (6), florissait dans la soixante-treizième et la soixante-dix-huitième olympiade.

Pline distingue trois statuaires nommés Pythagore, qui, dans son opinion, furent à peu près contemporains (7). Il paraît n'y en avoir eu que deux. Le premier était natif de Samos; on voyait plusieurs de ses ouvrages à Rome, dans le temple de la Fortune (8). Le second était le célèbre Pythagore de Rhège; celui-ci exécuta la statue d'Astylus, vainqueur au stade pour la troisième fois en la soixante-quinzième olympiade, celle de l'athlète Léontiscus (9) et celle d'Euthyme de Locres, qui, dans la soixante-dix-septième olympiade, remporta pour la troisième fois le prix du pugilat (10). Cette statue, vraisemblablement *iconique*, était, suivant le témoignage de Pausanias, un ouvrage admirable. Pythagore, *aussi habile*, dit le voyageur grec, *qu'aucun de ceux qui ont existé* (11), fit faire de grands progrès à l'art. Il était regardé comme un des inventeurs de ce beau système de proportions qui fut ensuite perfectionné par Polyclète (12). C'est lui qui exécuta la statue mentionnée par

(1) Pausan. lib. IV, cap. 33.

(2) Id. lib. I, cap. 29; IV, 24.

(3) Larcher, Can. Chron.

(4) Diodor. Sic. lib. XI, cap. 64.

(5) Hist. de l'Art, liv. VI, ch. 1; Anthol. gr. lib. IV, cap. 12.

(6) Plin. lib. XXXIV, cap. 19.

(7) Plin. lib. XXXIV, cap. 19, § 4 et 5, edit. Hard.

(8) Diogène fait mention de ce Pythagore de Samos, et le fait distinguer d'avec Pythagore de Rhége, lib. VIII, cap. 1, segm. 47, in Pythag.

(9) Diodor. Sic. lib. XI, cap. 1; Plin. loc. cit. Corsin. Fast. Attic. tom. III, pag. 163. C'est Heyne qui a relevé cette erreur de Pline. Opusc. Acad. tom. V, pag. 371.

(10) Plin. lib. XXXIV, cap. 19; Pausan. lib. VI, cap. 6. Pythagore de Rhége pouvait vivre encore, ainsi que le dit Pline, dans la quatre-vingt-septième olympiade; mais cette statue prouve qu'il exerçait déja son art dans la soixante-dix-septième.

(11) Pausan. lib. VI, cap. 14.

(12) Οἱ δὲ καὶ ἄλλον ἀνδριαντοποιὸν Ῥηγῖνον γεγονέναι φασὶ Πυθαγόραν, πρῶτον

Pline, représentant un homme blessé à la jambe et boiteux dont les spectateurs émus croyaient ressentir la douleur (1). Il y a lieu de croire que cette figure était un Philoctète. L'image de ce héros, que l'on voit sur une pierre gravée dans les *Monuments inédits* de Winckelmann (2), peut en être une imitation (3).

Mycon, Athénien, peintre et sculpteur, exécuta la statue du pancratiaste Callias, couronné à la soixante-dix-septième olympiade (4).

Simon d'Égine, Dionysius et Glaucus d'Argos, se partagèrent l'exécution de plus de vingt statues de bronze, consacrées dans l'Altis d'Olympie par Smicythus, tuteur des enfants d'Anaxilas, tyran de Rhège, et par Phormis de Ménale, officier dans les armées de Gélon et d'Hiéron Ier. Dans ce nombre de figures se voyaient, outre plusieurs divinités, un Orphée, un Homère, un Hésiode, deux chevaux, grands comme nature, tenus chacun par un palefrenier (5). Phormis ayant dû ne consacrer son offrande qu'après la mort de Hiéron, qui avait fait sa fortune, et ce prince étant mort la deuxième année de la soixante-dix-huitième olympiade (6), c'est de cette époque et de l'olympiade suivante que doit dater le riche monument dont nous parlons.

Calamis fut à la fois, comme beaucoup de sculpteurs de l'antiquité, orfèvre et statuaire. Les vases d'argent qu'il avait enrichis de bas-reliefs étaient encore à Rome et dans les Gaules, au temps de Néron, un objet de luxe pour les grands, un sujet d'émulation pour les artistes (7). Il se rendit célèbre dans l'art de modeler des chevaux (8), et il ne le fut pas moins dans l'imitation de la nature humaine. Ce maître paraît avoir connu la plupart des grands principes de la sculpture. Son style, suivant le

δοκοῦντα ῥυθμοῦ καὶ συμμετρίας ἐστοχάσθαι. Diogen. Laert. lib. VIII, cap. 1, segm. 47, in Pythag.

(1) Pline attribue cette statue à Pythagore de Léontium; mais il dit en même temps qu'elle fut faite par le même artiste qui avait exécuté celle de l'athlète Mnaséas de Cyrène, surnommé *le Lybien*: or, suivant Pausanias (lib. VI, cap. 13), celle-ci était un ouvrage de Pythagore de Rhége. Il est vraisemblable, d'après cela, que Pline a été induit en erreur. Heyne nie l'existence de Pythagore de Léontium, et donne à Pythagore de Rhége les ouvrages que Pline attribue à cet artiste. Le même Pythagore de Rhége sculpta, à l'occasion de la victoire remportée par Cratisthène de Cyrène dans la course des chars, un char de bronze sur lequel était placée la figure de la Victoire à côté de celle du vainqueur. Pausan. lib. VI, cap. 18.

(2) Monum. ined. tom. I, fig. 119, et tom. II, pag. 160.

(3) C'est l'opinion de M. Visconti.

(4) Pausan. lib. VI, cap. 6.

(5) Id. lib. V, cap. 26, 27.

(6) Larcher, Canon chronol.

(7) Plin. lib. XXXIII, cap. 55; lib. XXXIV, cap. 18.

(8) « Exactis Calamis se mihi jactat equis. » Propert. lib. III, eleg. 7. « Vindicat ut Calamis laudem, quos fecit, equorum. » Ovid. de Ponto, lib. IV, epist. 1. « Equis semper sine æmulo expressis. » Plin. lib. XXXIV, cap. 19, § 11 ed. Hard.

jugement d'un des critiques anciens les plus éclairés, avait, comme celui de Callimaque, de la grace et de la légèreté (1). Lucien admirait sur le visage de sa Sosandre un sourire fin et gracieux, joint à l'expression d'une pudeur virginale (2). Cicéron et Quintilien lui reprochaient seulement d'avoir conservé, dans les détails, un reste de la sécheresse qu'avait eue avant lui Canachus (3). Il exécuta, vers la soixante-dix-huitième olympiade, conjointement avec Onatas, le char de bronze placé à Olympie en mémoire de la victoire remportée dans la course des chevaux par Hiéron, tyran de Syracuse (4). Dans la quatre-vingt-unième, sous l'archonte Callias, il fit pour les Athéniens une figure de Vénus (5). Pindare consacra une statue de Jupiter Ammon dans le temple que ce dieu avait à Thèbes; cette statue était un ouvrage de Calamis (6) : Pindare mourut la quatrième année de la quatre-vingt-troisième olympiade.

Amant insatiable du beau, Callimaque recherchait la perfection sans cesse, et jamais il n'était satisfait de ses efforts (7). Peintre, statuaire, architecte, cet ingénieux artiste nous a légué un monument qui atteste l'élévation de ses idées et la délicatesse de son goût, c'est le chapiteau à feuilles d'acanthes, appelé le *chapiteau corinthien* (8). Oh, qui ne lui pardonnerait, en admirant un chef-d'œuvre aussi accompli, d'avoir brisé vingt fois, et vingt fois recommencé son ouvrage ! Il y a lieu de croire que ce maître célèbre était contemporain de Calamis (9).

(1) Dion. Halic. de antiq. Orat. in Isocrat. cap. 3.

(2) Lucian. Imag. cap. 6.

(3) Cicer. de clar. Orat. (supra, pag. 696, not. 1); Quintil. lib. XII, cap. 10.

(4) Pausan. lib. VI, cap. 12. La victoire d'Hiéron eut lieu dans la soixante-quinzième olympiade, et ce prince mourut la deuxième année de la soixante-dix-huitième. Le monument fut, il est vrai, placé à Olympie, après sa mort, par son fils Dinomène (Pausan. lib. VIII, cap. 42); mais on doit croire qu'il avait été commencé du vivant d'Hiéron. Dans tous les cas, il aura été placé du moins dans la soixante-dix-neuvième olympiade. Ce fait sert en même temps à prouver l'époque où vivait Calamis et celle où florissait Onatas.

(5) Pausan. lib. I, cap. 23; Corsin. Fast. Attic. t. III, pag. 202, 259, 260.

(6) Pausan. lib. IX, cap. 16.

(7) Plin. lib. XXXIV, cap. 19, § 34, ed. Hard. Pausan. lib. I, cap. 29.

(8) Vitruv. lib. IV, cap. 1.

(9) Plusieurs faits semblent venir à l'appui de cette conjecture. Scopas employa l'ordre corinthien dans la construction du temple de Minerve Aléa, qu'il éleva à Tégée, ville d'Arcadie. (Pausan. lib. VIII, cap. 45.) Il dut commencer à bâtir cet édifice dans la quatre-vingt-seizième olympiade, époque où l'ancien fut incendié, ou au plus tard dans la cent-deuxième, après la bataille de Leuctres et lors de la fondation de Mégalopolis. Avant Scopas, suivant le témoignage de Vitruve (lib. VII, in proœm.), l'architecte Argélius avait déja composé un traité sur les proportions de cet ordre. L'écrit d'Argélius dut être postérieur à des monuments qui servissent d'objets de comparaison, et de fondement à la théorie que cet artiste voulut établir. Cela nous prouve que l'inventeur du chapiteau corinthien était beaucoup plus ancien que Scopas. Pausanias dit d'ailleurs (lib. I, cap. 27) que Callimaque fut le

Onatas, né à Égine, fils de Mycon, sculpteur et peintre, ainsi que son père, termine cette série d'hommes célèbres qui appartenaient soit à l'école d'Egine, soit à l'ancienne école athénienne. Cet habile maître, un peu plus âgé que Phidias, mais son contemporain, dut venir au monde vers la soixante-sixième olympiade. Un Hercule de bronze, haut de dix coudées, placé à Olympie par les habitants de Thasos (1), dix statues consacrées à Olympie par les Achéens aux neufs héros qui tirèrent au sort pour combattre Hector, et à Nestor représenté tenant les neuf bulletins dans son casque (2), augmentèrent successivement sa réputation. Il est vraisemblable qu'il exécuta la statue de Cérès de Phigalie, dite *la Noire* (3), dans la quatre-vingt-sixième olympiade, âgé de soixante à soixante-dix ans. Le poète Antipater disait de son jeune Apollon *Adulte*, qu'il attestait par la noblesse de ses traits la beauté de Latone et la majesté de Jupiter (4). On pourrait le supposer auteur de la belle Pallas de Vellétri; car cette noble figure nous offre l'art éginétique dans sa plus haute perfection, et agrandi par la manière large et vraie de Phidias.

Il existe d'autres fragments qui peuvent nous faire connaître, sinon la beauté des ouvrages en ronde bosse exécutés à l'époque dont nous parlons, du moins les principes que les grands artistes mettaient dès-lors en pratique; ce sont les bas-reliefs de marbre qui enrichissent les métopes et les frises extérieures du temple de Thésée existant encore aujourd'hui au milieu d'Athènes, et consacré à saint Georges. Ces restes précieux de l'art des anciens maîtres représentent les exploits de Thésée, le combat des Centaures et des Lapithes, et celui des Athéniens contre les Amazones. Toutes les parties de ces bas-reliefs n'offrent pas

premier qui trouva l'art de percer le marbre. On ne peut croire que cette invention fût postérieure à Myrmécide, à Phidias, à Alcamène, qui travaillèrent le marbre avec une grande habileté. Nous venons enfin de voir que Denys d'Halicarnasse associe cet artiste à Calamis : « Le style de Phidias et de Polyclète, dit-il, se fait admirer par sa noblesse, par sa grandeur, celui de Calamis et de Callimaque, par son élégance et sa légèreté. » N'est-il pas vraisemblable, d'après tout cela, que Callimaque était contemporain de Calamis, auquel il ressemblait pour le style, de même que Polyclète était à peu près contemporain de Phidias, auquel le critique grec l'associe? Il existe à Rome, dans le Musée du Capitole, un bas-relief représentant une danse de Bacchantes, qui porte cette inscription, ΚΑΛΛΙΜΑΧΟΣ ΕΠΟΙΕΙ, *Callimaque le faisait.* Le style de ce bas-relief que plusieurs antiquaires, et notamment M. Visconti, regardent comme une copie d'un ouvrage de Callimaque, semble confirmer l'opinion que je hasarde. On le voit gravé dans les Monum. inéd. de Winckelmann, tom. I, au frontispice du Discours préliminaire.

(1) Pausan. lib. V, cap. 25.

(2) Pausan. ibid.

(3) Pausan. lib. VIII, cap. 42; Pausanias croit qu'il l'exécuta plusieurs générations après l'invasion des Perses.

(4) Anthol. Gr. lib. IV, cap. 14.

une correction parfaite; mais le mouvement de toutes les figures a de la vérité, de l'aplomb, de la grace; le nu présente de grandes divisions, des masses fermes, des articulations justes et légères; les os et les principaux muscles sont rendus avec énergie; les têtes sont mâles et expressives (1): on voit enfin dans ces beaux bas-reliefs les premiers traits de cette grandeur *homérique* qui distingua Phidias (2). Ces ouvrages durent être exécutés durant la vie de Cimon, dans les seize années qui s'écoulèrent depuis que ce général eut apporté de l'île de Scyros les ossements de Thésée, jusqu'à sa mort, arrivée la quatrième année de la quatre-vingt-deuxième olympiade (quatre cent quarante-huit ans avant l'ère chrétienne).

Tel était l'art agrandi, ennobli, et successivement rapproché de la vérité dans l'école d'Égine et dans l'ancienne école attique, lorsque Phidias annonça, par ses premiers succès, une ère nouvelle.

Les artistes dont nous venons de parler, en commençant à Canachus, furent contemporains d'Eschyle, de Pindare, de Sophocle; quelques-uns virent les derniers jours d'Anacréon; les autres furent témoins des premiers succès d'Hérodote et d'Euripide.

Né dans la soixante-dixième ou la soixante-onzième olympiade, Phidias fut élève d'Hippias, suivant Dion Chrysostôme (3), d'Éladas (4) ou de Géladas (5), suivant d'autres témoignages. Mais les noms d'*Éladas* et de *Géladas* paraissent des corruptions de celui d'*Agéladas;* et, si l'on admet cette opinion, il s'ensuit qu'Agéladas eut la gloire de contribuer aux progrès des trois plus grands maîtres de l'âge qui lui succéda, Phidias, Mycon et Polyclète de Sicyone.

(1) Le style offre un reste des formes *carrées* qui caractérisaient les ouvrages des premières écoles; mais il faut remarquer que dans les bas-reliefs placés au grand air et à une hauteur considérable, de fortes saillies contribuent à la fermeté des masses et à l'harmonie de l'effet général.

(2) Ces bas-reliefs pourraient être un ouvrage de Mycon, père d'Onatas. Cet artiste était peintre et sculpteur; il avait peint les mêmes sujets dans l'intérieur du temple. (Pausan. lib. I, cap. 17.) Il ne faut pas les confondre avec ceux du Parthénon. Ceux-ci ont trois pieds un pouce environ de hauteur dans la frise, et trois pieds dix pouces dans les métopes. Ceux du temple de Thésée n'ont que deux pieds six pouces et demi de hauteur environ. Ils ont été moulés par M. Fauvel, par les soins de M. Choiseul-Gouffier. Le gouvernement en possède des plâtres. Il en paraîtra incessamment des gravures dans le second volume du *Voyage de la Grèce* de cet illustre amateur. Stuart les a donnés dans le troisième volume de ses *Antiquities of Athens*. On peut les voir aussi dans les *Ruines des Monuments de la Grèce*, de M. Le Roy, pag. 17, 18 et 42, pl. XIX.

(3) Dion. Chrysost. orat. LV.

(4) Schol. Aristoph. Ran. vs. 504.

(5) Tzetzes, Chiliad. VII, hist. 154, et Chiliad. VIII, hist. 192; Suidas, voc. Γελάδας.

La Minerve de Platée, exécutée par Phidias, et consacrée en mémoire de la victoire des Grecs sur Mardonius, doit appartenir à la soixante-seizième olympiade (1). La Minerve *Lemnienne*, élevée dans la citadelle d'Athènes par les habitants de Lemnos, dut être postérieure aux victoires par lesquelles Cimon soumit les insulaires à la puissance d'Athènes; elle se classe par conséquent à la soixante-dix-neuvième olympiade. Pausanias regardait cette statue comme le chef-d'œuvre de Phidias (2); il dut l'exécuter à l'âge de trente-quatre ou de trente-six ans. Il est vraisemblable que le Jupiter d'Olympie fut exécuté dans la quatre-vingt-sixième olympiade (3). Les années où ces monuments furent terminés ont été regardées comme une époque remarquable dans l'histoire de la Grèce, je pourrais dire même dans l'histoire des progrès de l'esprit humain. Ajoutons que ce grand maître mourut à Élis, comblé d'honneurs, la première année de la quatre-vingt-septième olympiade, première année de la guerre du Péloponnèse, âgé de soixante-cinq à soixante-sept ans, l'an 431 avant notre ère (4).

Presque tous les ouvrages de Phidias paraissent avoir été détruits (5): les sculptures du Parthénon, dont une partie subsiste encore, sont à peu près les seuls chefs-d'œuvre où nous puissions reconnaître avec assurance les pensées et le style de ce prince des statuaires (6). Les bas-reliefs de ce temple furent exécutés sous sa direction, et durent être l'ouvrage de ses élèves. Nous pourrions supposer, sans trop d'invraisemblance, qu'ils furent, du moins en partie, l'ouvrage d'Alcamène, attendu que

(1) Pausan. lib. IX, cap. 4.

(2) Id. lib. I, cap. 28.

(3) Corsini, qui a soutenu cette opinion (Fast. Attic. tom. III, pag. 218, 220), se fonde principalement sur ce que Phidias représenta, dans un des bas-reliefs, le jeune Pantarcès, la tête ornée d'une bandelette, qui paraissait être le signe de la victoire qu'il avait remportée à Olympie. (Pausan. lib. V, cap. 11.) Pantarcès remporta le prix de la lutte des enfants dans la quatre-vingt-sixième olympiade. (Pausan. ibid.) M. Heyne pense, malgré cela, que cette statue dut être faite dans la quatre-vingt-unième olympiade. (Des époques de l'Art; Recueil de pièces intéressantes publ. par M. Jansen, tom. III, pag. 53, 56.) Je me fais un devoir de rapporter son opinion, quoique je ne la partage pas.

(4) Je suis obligé de supprimer ici les détails autant qu'il est possible. On peut voir mon article *Phidias* dans la Biographie universelle publiée par M. Michaud. (1830.)

(5) Théodose Ier avait fait transporter le Jupiter Olympien à Constantinople (Georg. Cedren. Hist. Compend. tom. I, pag. 322.) Un incendie qui eut lieu, vers l'an 475, sous le règne de Zénon l'Isaurien, durant la révolte de Basiliscus, détruisit cette belle statue, ainsi que la Vénus de Cnide, de Praxitèle; la Junon de Samos, attribuée à Bupalus; l'Occasion, de Lysippe; un grand nombre d'autres statues, et une bibliothèque renfermant vingt mille volumes. Georg. Cedrenus, ibid. pag. 351.

(6) M. de Choiseul-Gouffier a fait mouler les bas-reliefs du Parthénon, ainsi que ceux du temple de Thésée. Le gouvernement en possède des plâtres. On en voit un fragment

cet artiste sculpta, sous les yeux de son maître, un des frontons qui décoraient le temple de Jupiter, auprès d'Olympie (1).

Quel artiste grec a reçu plus de louanges que Myron? Ce ne sont pas seulement quelques poètes du moyen âge, ce sont les écrivains anciens, doués du goût le plus pur, qui ont célébré la beauté de ses ouvrages, et qui en ont principalement admiré la vérité. Ce laborieux artiste était pleinement contemporain de Phidias. Il était déja connu au commencement de la soixante-quinzième olympiade, lorsque le coureur Astylus remporta le prix du stade (2); et il mourut vraisemblablement peu après la quatre-vingt-septième où Pline l'a placé (3). Il serait inutile de répéter les éloges qui lui ont été donnés mille fois. Son Discobole lançant le disque était un de ses ouvrages les plus célèbres; le temps en a respecté plusieurs belles copies en marbre; nous en possédons une au Musée Napoléon (4).

Émule de Phidias, de Myron et d'Alcamène, statuaire, architecte, et de plus, judicieux écrivain, Polyclète de Sicyone s'éleva presque dans la sculpture, suivant le jugement de Cicéron, à la plus haute perfection

original, en marbre, dans la seconde salle du Musée Napoléon (n° 42, aujourd'hui n° 82. 1830). Ceux qui étaient placés dans les métopes du Parthénon ont environ quatre pieds un pouce neuf lignes de hauteur; ils représentent le combat des Centaures et des Lapithes. Ceux qui ornaient la frise extérieure de la *cella*, ou du corps du temple, n'ont que trois pieds un pouce six lignes; ils représentent les cérémonies des Panathénées, de jeunes filles, les unes portant des corbeilles, les autres des vases, etc. etc. Ces bas-reliefs ont été publiés successivement par Le Roi (Ruines des plus beaux monuments de la Grèce, deuxième édit. pag. XXI et XXII); par Stuard (the Antiquities of Athens, t. II, chap. 1, pl. 3 à 30); par M. Le Grand (Gall. antiq. chez MM. Treuttel et Wurtz, 1re et 2e livraisons). Lord Elgin, ambassadeur d'Angleterre à Constantinople, a arraché en dernier lieu plusieurs fragments de ces bas-reliefs, de la frise où ils étaient encore, ainsi que les sculptures qui restaient dans le fronton du temple. Le vaisseau sur lequel il faisait transporter ces monuments à Londres a fait naufrage sur les côtes de l'ancienne île de Cythère. On assure qu'il est parvenu à faire retirer du fond de la mer une partie des caisses où ils étaient renfermés. — *Nota*. J'écrivais ceci en 1806. Depuis cette époque ces chefs-d'œuvre déposés dans le Musée britannique, et dont nous possédons des plâtres à Paris, ont excité une admiration universelle.

(1) Pausan. lib. V, cap. 10.

(2) Diodor. Sic. lib. XI, cap. 1; Pausan. lib. VI, cap. 13.

(3) Plin. lib. XXXIV, cap. 19. Il exécuta des statues de Jupiter, de Minerve et d'Hercule, placées à Samos (Strab. lib. XIV, p. 637, B), un Apollon conservé dans le temple d'Esculape à Agrigente (Cic. in Verr. IV, 3), et beaucoup d'autres ouvrages.

(4) (Ceci était exact en 1806.) Il y a lieu de croire que l'original du Discobole était en bronze. Une des copies dont nous parlons avait appartenu au chevalier Hamilton, et se trouve aujourd'hui en Angleterre; elle était fort mutilée. La tête de celle du Musée Napoléon a été restaurée. Celle de ces statues que l'on voit à Rome, au palais Massimi, est regardée comme la plus belle; elle est gravée dans le tom. II de la traduction italienne de Winckelmann, donnée par Fea (pl. 2). M. Visconti a parlé de ces différentes figures dans le *Museo Pio-Clem.* tom. I, tav. A, pag. 95, n° 6, et tom. III, tav. XXVI. On peut voir aussi les notes de Fea sur Winckelm. tom. II, pag. 211 et suiv. — La vache d'airain de Myron, célébrée par tant

possible (1). Antérieur de cent ans à Lysippe (2), qui avait vingt ou vingt-quatre ans au commencement de la cent deuxième olympiade; père de deux fils qui étaient du même âge que les enfants de Périclès (3), il dut naître vers la première année de la soixante-quinzième olympiade.

La beauté du Jupiter Olympien et de la Minerve de Phidias, dit Columelle, quoiqu'elle ait étonné les statuaires de l'âge suivant, tels que les Bryaxis, les Lysippe, les Praxitèle, les Polyclète, ne les a pas empêchés d'aspirer à toute la perfection où ils pourraient atteindre (4). Polyclète exécuta dans la quatre-vingt-troisième ou la quatre-vingt-quatrième olympiade la statue de Callias, qui avait signé la paix avec Artaxercès, la quatrième année de la quatre-vingt-deuxième, et la célèbre Junon d'Argos au commencement de la quatre-vingt-onzième (5). Sa statue appelée *le Canon* ou *la Règle*, c'est-à-dire *le modèle des proportions*, est un des monuments les plus célèbres de l'antiquité (6). Voulant hâter les progrès de l'art, Polyclète ne se borna point à ce premier ouvrage : il composa un traité dans lequel il démontra quelles devaient être les proportions de toutes les parties du corps humain, *comparées les unes aux autres, et dans chacune de leurs subdivisions.* Cet écrit fut appelé *le Canon*, ainsi que la statue dont il expliquait, et dont il complétait le système harmonique (7); ces deux ouvrages furent désormais pour les artistes *la règle* du goût (8). Une copie antique du *Diadumène* de Polyclète paraît être le seul ouvrage en ronde bosse sur lequel nous puissions retrouver aujourd'hui l'empreinte de son génie (9).

de poëtes, se voyait encore à Rome dans le *Forum* de la Paix, au temps de Procope, vers le milieu du sixième siècle. (Procop. Gothic. lib. IV, cap. 21.) Elle a péri vraisemblablement durant les désordres du moyen âge, ainsi que *le peuple nombreux de statues*, et *l'immense troupeau de chevaux de bronze* qui embellissaient Rome dans le temps de Théodoric, et qui avaient excité l'admiration et la sollicitude de ce prince. Procop. ibid. Cassiodor. Var. lib. VII, formul. 13. (Le Discobole lançant le disque ne se trouve plus au Musée royal. 1830.)

(1) « Pulchriora etiam Polycleti (signa), et jam plane perfecta, ut mihi quidem videri solet. » Cic. de clar. Orat. cap. 18, § 70.

(2) Plin. lib. XXXIV, cap. 19.

(3) Platon, Protagoras, tom. I opp. pag. 328.

(4) « Nec pulchritudine Jovis Olympii, Minervæque Phidiacæ, sequentis ætatis attonitos piguit experiri Bryaxim, Lysippum, Praxitelem, Polycletum, quid efficere aut quousque progredi possent. » Colum. de Re rust. Præf.

(5) L'ancien temple fut incendié la deuxième année de la quatre-vingt-neuvième.

(6) Plin. lib. XXXIV, cap. 19, § 2, edit. Hard.

(7) Galen. de Hippocr. et Plat. Placit. lib. V, cap. 3.

(8) Galen. ibid. — Les *canons* ou *règles de proportions* que s'étaient faits les artistes grecs, et le canon de Polyclète en particulier, m'ont fourni la matière d'un chapitre dans mon ouvrage intitulé : *Recherches sur l'art statuaire, considéré chez les anciens et chez les modernes.* Paris, veuve Nyon, 1805, in-8°, pag. 177 à 200.

(9) Cette statue se voyait autrefois à Rome, dans le jardin Farnèse, sur le mont Palatin; elle a été transportée à Naples depuis quelques années. Elle représente un jeune athlète,

Praxias, disciple de Calamis, qui exécuta en grande partie le fronton du nouveau temple de Delphes, terminé après sa mort par Androsthène, Athénien, élève d'Encadmus (1); Callitèle, fils et disciple d'Onatas (2); Lycius, fils et disciple de Myron, et *digne de son maître* (3), florissaient de la quatre-vingt-cinquième à la quatre-vingt-quinzième olympiade.

Alcamène et Agoracrite furent les élèves les plus illustres de Phidias. Alcamène conçut le premier l'idée de représenter Hécate sous l'emblème de trois femmes réunies par le dos. Ce groupe se voyait à Athènes auprès du temple de la *Victoire sans ailes* (4). Un de nos savants croit en reconnaître une imitation dans l'Hécate à trois corps, que l'on conserve à Rome au Musée du Capitole (5).

L'école de Polyclète devint célèbre non seulement par les élèves du chef qui la fonda, mais encore par les élèves de ces artistes, dont on peut suivre la filiation d'un maître à l'auteur, jusqu'à la quatrième génération.

Pline nomme huit élèves de Polyclète (6). Damias et Athénodore qui étaient de ce nombre, exécutèrent une partie des trente-quatre statues consacrées dans le temple de Delphes par les Lacédémoniens, après le combat d'Ægos-Potamos, la quatrième année de la quatre-vingt-treizième olympiade.

A ces maîtres formés par Polyclète, il faut joindre Périclète, fils de

attachant sur son front la bandelette qui était le symbole de la victoire. (Διαδούμενος, *quasi tænia revinciens sese.*) L'authenticité de cette copie est prouvée par sa conformité avec divers bas-reliefs antiques, où le Diadumène de Polyclète est représenté et accompagné d'inscriptions. Un de ces bas-reliefs se voit à Rome dans le Musée du Vatican. (Vestibule en Rotonde, troisième niche, n° 6.) Il est mentionné dans le Catalogue du *Museo Pio-Clem.* pag. 18. On peut consulter Carlo Fea dans ses notes sur Winckelmann, tom. II, pag. 195. Winckelmann croyait voir une copie des *Canéphores* de Polyclète sur un bas-relief qu'il a donné dans ses *Monum. ined.* (n° 182, pag. 35.) M. Visconti pense que son *Apoxyomène* (figure d'un homme qui se frottait le corps avec un strigile) représentait Tydée se purifiant du meurtre de son frère, et que cette figure a été copiée sur un grand nombre de pierres gravées. Mus. Pio-Clement. tom. I, pag. 23, not. *a.*

(1) Pausan. lib. X, cap. 19.

(2) Id. lib. V, cap. 27.

(3) « Dignum præceptore. » Plin. lib. XXXIV, cap. 19, § 17, edit. Hard.

(4) Pausanias dit que Myron avait représenté Hécate avec un seul visage et un seul corps, avant qu'Alcamène eût conçu l'idée de lui donner trois corps et trois visages. (Pausan. lib. II, cap. 30) : cela peut donner lieu de croire que Myron était connu avant Alcamène.

(5) M. Visconti, Dissert. inéd. Cette figure est en bronze ; elle a un palme romain de hauteur (Winckelmann, lib. VI, chap. 7, tom. II, page 302); on la trouve gravée dans le *Museum Romanum* de Michel-Ange de la Chausse, tom. I, sect. 2, pl. 20, 21 et 22.

(6) Plin. lib. XXXIV, cap. 19.

Mothon, quoique Pline ne le nomme point parmi les artistes sortis de cette école; car Pausanias qui le dit élève de Polyclète (1), ne peut avoir voulu parler que de Polyclète l'ancien, et non du second qui fut disciple de Naucydès (2). Ainsi Périclète a dû fleurir dans les quatre-vingt-huitième, quatre-vingt-dixième, quatre-vingt-douzième olympiades. Il eut pour disciples Naucydès son frère, et Antiphane (3), de qui les ouvrages appartiennent à la quatre-vingt-quatorzième, à la cent deuxième et à la cent troisième olympiade.

Naucydès, frère de Périclète, exécuta vers la quatre-vingt-huitième olympiade la statue d'Euclès, vainqueur au pugilat, petit-fils du célèbre Diagoras de Rhodes, que ses deux fils Acusilas et Damagète, victorieux l'un et l'autre en la quatre-vingt-sixième, portèrent en triomphe dans Olympie (4). La parfaite égalité de trois belles statues antiques, représentant un Discobole qui paraît méditer sur la manière dont il lancera le disque (5), les a fait regarder comme des copies d'un de ses ouvrages les plus renommés (6). Celle du Musée Napoléon, qui ne laisse presque rien à désirer quant à la conservation (7), doit donner une haute idée des talents de cet artiste : il y a cependant lieu de croire, si l'on considère le choix des formes, que cette statue est une *figure iconique*, c'est-à-dire un portrait.

Un second Canachus fut aussi élève du premier Polyclète. Il exécuta dans la quatre-vingt-quatorzième olympiade, conjointement avec Patrocle, son frère, huit des statues consacrées à Delphes après le combat d'Ægos-Potamos (8).

Alype de Sicyone, élève de Naucydès, exécuta la statue de Symma-

(1) Pausan. lib. II, cap. 22 ; lib. V, cap. 17.

(2) Pausan. lib. VI, c. 6. Heyne a brouillé toute la chronologie de cette époque, en faisant du premier Polyclète un élève de Naucydès, et en donnant pour élève à ce même Polyclète Aristoclès et Canachus. Antiq. Artium inter Græc. Hist. inter Opusc. Acad. t. V, p. 377, 378.

(3) Pausan. lib. V, cap. 17.

(4) Pausan. lib. VI, cap. 6 et 7. Doriéus, troisième fils de Diagoras, remporta le prix du pancrace dans la quatre-vingt-septième et dans la quatre-vingt-huitième olympiade. C'est ce fait qui m'a déterminé à placer la victoire d'Euclès, petit-fils de Diagoras par sa mère Callipatire, vers la quatre-vingt-huitième.

(5) « Spatium jam immane parabat. » Stat. Thebaid. lib. VI, vs. 693.

(6) Plin. lib. XXXIV, cap. 19, § 19. — M. Visconti, *Museo Pio-Clem.* tom. III, tav. 26. — Une de ces statues a été décrite par Cavaceppi, *Raccolta di Statue*, etc. tom. I, fig. 42, et par Mercurialis, *de Arte Gymnast.* lib. II, cap. 12 ; elle est aujourd'hui en Angleterre. Il y en a une à la *villa* Borghèse, Stanz. VII, n° 9.

(7) Mus. Nap. n° 109. Aujourd'hui (1830) au Musée royal, n° 349.

(8) Pausan. lib. X, cap. 9. Ces figures furent exécutées à l'occasion du combat d'Ægos-Potamos et d'une victoire remportée sur les Tégéates par les Lacédémoniens. Pausan. lib. X, cap. 9. C'est ce second Canachus qui a induit en erreur Pline et Winckelmann.

que, qui remporta pour la seconde fois le prix de la course dans la quatre-vingt-neuvième olympiade (1).

Dédale de Sicyone, fils et disciple de Patrocle, florissait dans la quatre-vingt-onzième, dans la quatre-vingt-seizième et dans la quatre-vingt-dix-huitième olympiade (2).

Euphranor, Pantias, natif de Chio, et Cléon de Sicyone furent contemporains. Pantias, fils et disciple de Sostrate, était le septième maître sorti de l'école d'Aristoclès (3); il exécuta la statue de l'athlète Aristée, fils de Chimon (4). Cléon, disciple d'Antiphane, sculpta deux statues de Jupiter dans la quatre-vingt-dix-huitième olympiade, et celle de l'athlète Dinolochus dans la cent deuxième (5).

Le second Polyclète, natif d'Argos, élève de Naucydès, exécuta dans la quatre-vingt-dix-huitième olympiade la statue d'Antipater de Milet, qui remporta à la même époque le prix du pugilat (6); celle de Jupiter *Philius*, à Mégalopolis, dans la cent deuxième (7); et dans la cent neuvième, celle de Jupiter *Milichius* à Argos (8).

Scopas (9), Léocharès, Bryaxis et Timothée travaillèrent ensemble

(1) Pausan. lib. VI, cap. 1.

(2) Il sculpta dans la quatre-vingt-onzième olympiade le trophée que les Éléens élevèrent dans l'Altis, après avoir vaincu les Lacédémoniens commandés par Agis Ier (Pausan. lib. III, cap. 8; lib. V, cap. 4; lib. VI, cap. 2). Cette victoire eut lieu trois ou quatre ans avant qu'Agis prit le fort de Décélie, dans l'Attique; et ce fort fut pris la troisième année de la quatre-vingt-onzième olympiade. (Thucyd. lib. VIII, cap. 19.) Le même Dédale de Sicyone sculpta dans la quatre-vingt-seizième la statue de l'athlète Eupolème, qui lui-même la lui fit exécuter (Diodor. Sic. lib. XIV, cap. 54; Pausan. lib. VI, cap. 3, et lib. VII, cap. 45); et dans la quatre-vingt-dix-huitième, celle de l'athlète Aristodème. Pausan. lib. VI, cap. 3.

(3) Pausan. lib. VI, cap. 3.

(4) Pausan. lib. VI, cap. 9. Naucydès avait fait deux statues de Chimon, que Pausanias appelle deux *chefs-d'œuvre*, lib. VI, cap. 9.

(5) Pausan. lib. V, cap. 17; lib. VI, cap. 21, et lib. II, cap. 1.

(6) Pausan. lib. VI, cap. 6.

(7) Pausan. lib. VIII, cap. 31.

(8) Pausan. lib. II, cap. 20. La guerre, à la suite de laquelle cette statue fut élevée, commença la quatrième année de la cent sixième olympiade (Diod. Sic. lib. XVI, cap. 34), et se termina dans la cent neuvième. (Demosth. Orat. II in Philipp. ed. Francof. p. 65; Wolf. in Demosth. ibid.) Cicéron, Vitruve, Strabon, Quintilien, Plutarque, Lucien, n'ont fait mention que d'un seul Polyclète. Pline n'en cite qu'un, et il lui attribue des ouvrages distants l'un de l'autre de cent seize années. Pausanias en distingue formellement deux, mais il n'assigne pas nettement à chacun ses ouvrages. Junius, Boullenger, Winckelmann se sont conformés au texte de Pline. — (Heyne est tombé dans d'autres erreurs. J'ai tâché de distinguer ces deux maîtres par deux articles insérés dans la Biographie de M. Michaud, l'un sous le nom de Polyclète, dit de Sicyone, et l'autre sous celui de Polyclète d'Argos. 1830.)

(9) L'illustre M. Heyne a fixé avec précision l'époque où vivait Scopas. (Des Époques de l'Art; Rec. de pièces intéressantes, publ. par M. Jansen, tom. III, p. 93 et suiv.) J'ai suivi l'opinion de ce savant professeur.

dans la cent septième, au tombeau de Mausole; chacun de ces artistes orna de bas-reliefs un des côtés de ce célèbre monument (1); Pythis exécuta le quadrige de marbre qui fut placé au sommet de la pyramide (2). Scopas, architecte et sculpteur, natif de Paros, avait dû commencer à bâtir vingt ans auparavant, dans la ville de Tégée, le temple de Minerve Aléa (3). Léocharès avait fait, dans la cent cinquième olympiade au plus tard, la statue d'Isocrate (4). Il exécuta vers la cent onzième les statues d'or et d'ivoire d'Amyntas, père de Philippe, roi de Macédoine, et d'Alexandre son fils, celles d'Olympias et d'Eurydice, et celle de Philippe lui-même, que ce prince consacra dans un temple qu'il fit élever à Olympie après la bataille de Chéronée (5). Les belles statues parvenues jusqu'à nous, qui représentent la famille de Niobé, sont généralement regardées comme un ouvrage de Scopas, ou du moins comme d'excellentes copies faites d'après ce maître (6). Deux groupes antiques de marbre, entièrement semblables l'un à l'autre, représentant l'enlèvement de Ganymède, paraissent être des copies du célèbre Ganymède de Léocharès (7).

Quelque gloire qu'eussent acquise les artistes auxquels nous venons de rendre hommage, Lysippe et Praxitèle les surpassèrent tous. A la beauté des proportions déterminées par Polyclète et par Pythagore de Rhège, *à la fermeté, à l'ampleur, à la majesté* du style de Phidias (8), ces deux maîtres joignirent dans les contours une élégance, dans les chairs une

(1) Plin. lib. XXXVI, cap. 4, § 9. Vitruve rapporte le doute de quelques écrivains sur la question de savoir si le quatrième de ces sculpteurs était Praxitèle ou Timothée : « Praxiteles; nonnulli etiam putant Timotheum. » (Lib. VIII, in proœm.) Nous verrons, en recherchant le temps où vivait Praxitèle, qu'il ne pouvait pas avoir travaillé à ce monument.

(2) Plin. loc. cit.

(3) Nous avons rappelé l'époque où ce temple fut bâti, supra, p. 701, not. 9.

(4) Ce fut Timothée, fils de Conon, qui consacra cette statue d'Isocrate, son ami, dans le temple d'Éleusis. Ce général fut banni d'Athènes, et mourut la quatrième année de la cent cinquième olympiade. Plutarch. Vit. X Rhet. in Isocrat. Corsini, Fast. Attic. t. IV, p. 21.

(5) Cette bataille eut lieu la troisième année de la cent dixième olympiade.

(6) Pline dit que l'on doutait de son temps si les statues représentant la famille de Niobé, qui se voyaient à Rome dans un temple d'Apollon bâti par Quintus Sosius, étaient de Scopas ou de Praxitèle. (Plin. lib. XXXVI, cap. 4, § 8.) Winckelmann, en considérant le style des figures de la famille de Niobé qu'on voit aujourd'hui à Florence, et que l'on regarde comme des copies de celles-là (Maffei, Racc. di stat. dat. da Rossi, tav. 32), a pensé que les originaux devaient être de Scopas, attendu que cet artiste était plus ancien que Praxitèle. (Winck. liv. VI, chap. 2, tom. III, p. 37). L'auteur du Musée Pio-Clémentin regarde la Muse *Érato* du Vatican, qui tient une lyre de la main gauche, et la main droite pendante, comme une copie de l'Apollon Citharède de Scopas. Mus. Pio-Clément. tom. I, tav. XXIII, p. 45.

(7) M. Visconti, Mus. Pio-Clém. tom. III, tav. 49, p. 65, 66.

(8) Demetr. Phaler. de eloc. cap. XIV et XL; Dionys. Halicarn. de antiq. Orat. in Isocrat. I

chaleur, un moelleux, qui manquaient encore aux ouvrages les plus admirés (1). En imitant la nature avec autant de choix et plus de vérité que n'avaient fait leurs prédécesseurs (2), ils portèrent l'art à un degré de perfection que les Anciens eux-mêmes regardaient comme un prodige. Toutefois ils ne se ressemblaient pas entièrement : Lysippe était plus héroïque, Praxitèle plus délicat, plus achevé, plus suave.

Lysippe, orfèvre dans sa jeunesse, se forma sans maître, mais ce fut en étudiant principalement le *Doryphore* (ou *porte-lance*) de Polyclète (3). Il exécuta dans la cent deuxième olympiade la statue de Pyrrhus d'Elée, vainqueur à la course des chevaux (4), et il vivait encore dans la cent quatorzième, après la mort d'Alexandre, lors de la bataille de Lamia (5). Une statue d'Hercule, peu remarquable quant à l'exécution, que l'on voit à Florence au palais Pitti, porte son nom (6). Cette statue, si l'on excepte la position des jambes, est parfaitement semblable à l'Hercule Farnèse. Cette ressemblance donne lieu de croire que la statue du palais Pitti est une copie d'un des Hercules de Lysippe (7), et que l'Hercule Farnèse en est une imitation, sur laquelle Glycon a cru pouvoir graver son nom à cause des changements qu'il y avait faits (8).

Lysistrate, Sthénis, Euphronide, Silanion paraissent avoir été contemporains de Lysippe (9). Silanion fut auteur d'une statue de Sapho,

(1) « Non habet latinum nomen Symmetria, quam diligentissime custodivit (Lysippus). Propriæ hujus videntur esse argutiæ operum, custoditæ in minimis quoque rebus. » Plinius, lib. XXXIV, cap. 19, § 6, edit. Hard.

(2) « Ad veritatem Lysippum et Praxitelem optime accessisse affirmant. » (Quint. de Orat. lib. XII, cap. 10.) « Gloria Lysippo est, animosa effingere signa. » Propert. lib. III, eleg 7.

(3) Cicer. de Clar. Orat. cap. 86.

(4) Pausan. lib. VI, cap. 1.

(5) Pausan. lib. VI, cap. 4.

(6) Maffei, Raccolt. di stat. dal. da Rossi, tav. XLIX et L.

(7) Cette opinion est de M. Visconti. (Mus. Pio-Clem. tom. III, p. 66.) On voyait à Rome, il y a quelques années, au palais Farnèse, une autre statue d'Hercule semblable à celle du palais Pitti. Il y en a une troisième à la *villa Borghèse*. (Stanz. 3, n° 9.) Elles ressemblent toutes à l'Hercule gravé sur une des médailles de la famille romaine *Eppia*. (Car. Patin. Fam. rom. num. p. 206; Eckel. Doctr. num. vet. part. 2, tom. V, p. 206.) Il en existe une autre, semblable à l'Hercule Farnèse, et qui porte le nom de Glycon; elle est gravée dans Ficoroni. Le Vestig. di Rom. ant. p. 195.

(8) Il existe un grand nombre de statues de Cupidon tenant un arc, entièrement semblables à celle qui se voit au Musée Napoléon (n° 60.) Cette conformité a fait présumer que toutes ces figures pourraient être des copies du Cupidon de bronze que Lysippe avait fait pour les Thespiens. (Not. du Mus. n° 60.) Si les portraits d'Alexandre étaient bien connus, nous pourrions peut-être retrouver la main de Lysippe dans plusieurs bustes de la plus belle sculpture, qui semblent nous offrir les traits de ce héros.

(9) Plin. lib. XXXIV, cap. 19.

d'une statue de Corinne (1); il exécuta aussi une statue de Platon qu'un Persan, nommé Mithridate, éleva dans l'Académie et consacra aux Muses (2).

Praxitèle parvint à l'achèvement de tout ce qui constitue le charme le plus accompli d'une statue: ce doit être par conséquent une erreur que de l'avoir placé avant Lysippe; dans l'ordre naturel des progrès de l'esprit humain, il ne devait fleurir qu'après lui. Suivant Pausanias, en effet, Praxitèle était postérieur à Alcamène de trois générations (3). Si, d'après cette donnée, on fixe l'âge moyen d'Alcamène à la fin de la quatre-vingt-huitième olympiade, ou à l'an 424 avant notre ère, on arrive pour l'âge moyen de Praxitèle à la fin de la cent douzième. La passion de Praxitèle pour Phryné (4), qui ne saurait être passée sous silence dans l'histoire de l'art, nous donne un renseignement encore plus positif. De tous les pays du monde, les Anciens allaient à Cnide adorer la statue de Vénus, ou plutôt admirer, dans l'image de cette déesse, les charmes de Phryné représentés sur le marbre par le ciseau de son amant (5). Or, Praxitèle était jeune sans doute lorsqu'il brûlait pour cette courtisane, et elle jouissait de tout son éclat et de toute sa renommée dans la cent onzième olympiade. On voit enfin que Praxitèle vivait encore durant la vieillesse du philosophe Théophraste; car celui-ci le chargea d'exécuter après sa mort un buste de Nicomaque, et il mourut la troisième année de la cent vingt-troisième olympiade, deux cent quatre-vingt-six ans avant l'ère chrétienne. Ces divers faits nous autorisent à placer la jeunesse de Praxitèle vers la cent onzième olympiade, et ses derniers jours vers la cent vingt-troisième (6). Entre l'époque de sa mort et la date de celle de Phidias, il y a par conséquent un intervalle d'environ cent quarante-cinq ans.

Il nous reste quelques imitations des ouvrages de ce maître. Le Faune en repos, du Musée Napoléon (7), dont il existe un grand nombre

(1) Tatian. Orat. ad Græc. p. 132.

(2) Diog. Laert. lib. III, segm. 25, in Plat.

(3) Pausan. lib. VIII, cap. 9.

(4) Athen. Deipn. lib. XIII, cap. 6, p. 591.

(5) Athen. ibid. Plin. XXXVI, cap. 4, § 5, edit. Hard.

(6) Phryné devait jouir de sa plus grande célébrité lorsqu'elle offrit de rebâtir à ses frais la ville de Thèbes. (Athen. loc. cit.) Cette ville fut détruite par Alexandre la deuxième année de la cent onzième olympiade. Théophraste écrivit dans son testament, qui nous a été conservé par Diogène Laërce, qu'il voulait que ses héritiers plaçassent dans son Musée, après sa mort, un portrait de Nicomaque, et qu'il avait chargé *le sculpteur Praxitèle* de ce travail. (Diog. Laert. in Theophr. lib. V, cap. 2, segm. 52). Ce philosophe pouvait avoir fait son testament quelques années avant sa mort; mais au surplus, en supposant que Praxitèle eût vingt-cinq ans lors de la destruction de Thèbes, il n'en avait que soixante-quatorze à la mort de Théophraste.

(7) N° 50 du Catalogue. (Cette statue ne se trouve plus au Musée royal.—1830.)

de répétitions, est regardé comme une copie de son Faune ou de son *Satyre* (1), surnommée *Périboëtos*, ou *le célèbre* (2). Il est vraisemblable que le Cupidon du Vatican, aujourd'hui dans le Musée Napoléon, est une copie antique de celui de Thespies (3). On voit à Rome, dans le Musée du Vatican, et dans divers palais, un grand nombre de statues de Vénus, qui sont évidemment des copies de la Vénus de Cnide (4). L'Apollon *Sauroctone*, en bronze, de la *villa* Albani, ne saurait être, comme le supposait Winckelmann, l'original sorti des mains de Praxitèle (5); mais il paraît certain que ce bronze, et plusieurs marbres faits d'après le même modèle, sont des copies antiques de cette célèbre figure (6).

La plupart des chefs-d'œuvre originaux qui nous restent paraissent avoir été exécutés dans les quatre siècles qui suivirent la mort de Praxitèle, ou du moins celle d'Alexandre. Malgré notre respect pour les opinions de l'illustre antiquaire, qui ne voyait, après la mort de ce prince, que *le règne des imitateurs* (7), nous osons croire qu'en marchant sur les

(1) Les Grecs ne distinguaient pas comme nous les Satyres d'avec les Faunes; ils donnaient le nom de Satyres à ces deux espèces de divinités.

(2) M. Visconti, Mus. Pio-Clem. tom. II, tav. 30. Winckelmann avait la même opinion, il avait vu plus de trente répétitions de cette figure (lib. IV, ch. 2, tom. II, p. 52). On peut voir aussi ce que dit à ce sujet M. Heyne dans sa dissertation sur les *Faunes* et les *Satyres*. Rec. de pièces publ. par M. Jansen, tom. I, p. 75.

(3) M. Visconti, Mus. Pio-Clem. tom. I, tav. 9; id. Notice du Musée Nap. n° 63. La multiplicité des répétitions de cette même figure, qui existent dans différents cabinets, paraît autoriser cette conjecture. D'Hancarville cite une de ces copies antiques qu'il dit la plus belle de toutes celles qu'il avait vues. Elle était de son temps en Angleterre, dans la collection de M. C. Townley. Recherches sur l'origine des arts de la Grèce, tom. I, p. 345.

(4) On en voit une dans le Musée Pio-Clémentin (tom. I, tav. XI, p. 18). Elle a été gravée avec une draperie qui n'est qu'une pièce de rapport. Nous possédons à Paris, dans le jardin des Tuileries, sur la terrasse du midi, une copie en bronze de cette statue du Vatican : elle n'a point de draperie; mais l'artiste qui l'a moulée a supprimé le vase au-dessus duquel la Vénus de Cnide soutenait son vêtement. L'authenticité de toutes ces copies est prouvée par leur ressemblance avec la figure de Vénus, représentée sur plusieurs médailles de la ville de Cnide. Spanheim, de Præst. et Usu numism. t. II, p. 296; Mus. Pio-Clement. tom. I, tav. A, n° 2; Barthélemy, Anach. pl. XXVI; Haym, Tesor. Brit. t. II, part. 1, p. 245. Pierres grav. du Cab. d'Orléans, par La Chau et Le Blond, tom. I, pl. XXXI, p. 135 et suiv. M. Heyne, des différentes manières de représenter Vénus; Recueil de pièces inter. publ. par M. Jansen, tom. I, p. 14 et 15. — (On peut voir des observations intéressantes de M. de Montabert au sujet de la copie en bronze de la Vénus de Cnide, du jardin des Tuileries, dans son ouvrage intitulé : Traité complet de la Peinture, tom. II, p. 420 à 424. 1830.)

(5) Winckelmann, lib. VI, c. 2, tom. III, p. 58 et 60.

(6) On conserve une copie en marbre de l'Apollon *Sauroctone* (*tuant* ou *paraissant tuer un lézard*) à la *villa Borghèse*. St. II, n° 5; Winckelm. Monum. ined. n° 40. — (Cette statue est celle qu'on voit aujourd'hui à notre Musée royal, n° 19. 1830.) Il y en a une au Vatican. (Mus. Pio-Clém. tom. I, tav. 13.) Il en existe plusieurs autres.

(7) Winck. lib. IV, c. 6, tom. II, p. 255 et suiv.

traces des grands maîtres, l'art, non seulement se soutint dans son état de perfection, mais qu'il fit encore en de certaines parties quelques nouveaux progrès. On ne voit pas qu'il eût exprimé jusqu'alors des passions violentes, et il y parvint.

Ces temps peuvent être divisés en deux périodes. La première renferme les cent vingt années des règnes successifs de Ptolémée Philadelphe, roi d'Égypte, et de Ptolémée Évergète, son fils, d'Attale premier, roi de Pergame, et de son fils Eumènes II, depuis la cent vingt-quatrième olympiade jusqu'à la cent cinquante-cinquième. La seconde commence à la destruction de Corinthe par Mummius, c'est-à-dire à la cent cinquante-huitième olympiade (cent quarante-six ans avant notre ère); elle s'étend jusqu'au règne d'Antonin, et même jusqu'à celui de Marc-Aurèle.

Dans la première de ces deux périodes vécurent Daméas, Phœnix, Eutychide, Charès, auteur du Colosse de Rhodes (1), tous élèves de Lysippe (2); Euthycrate, Dahippe et Béda, ses fils; Xénocrate son petit-fils, qui composa un traité sur la sculpture (3); Céphisodote (4) et Eubulus, fils de Praxitèle (5); Pamphile son élève; Cantharus, élève d'Eutychide; Tisicrate, élève d'Euthycrate, et de qui les ouvrages étaient quelquefois confondus avec ceux de Lysippe lui-même (6); Agasias d'Éphèse, fils de Dosithée; Polyeucte, Harmatius, Héraclide, fils d'Agasias; Hermoclès de Rhodes, qui travaillait à la cour des premiers Séleucides; Isigone, Pyromaque, Straton, qui représentèrent dans leurs ouvrages les victoires d'Attale et d'Eumènes (7); Timoclès, Archésitas, Timarchide; Antigone, qui écrivit un traité sur son art (8); et l'illustre Cléomènes, à qui nous devons un des chefs-d'œuvre les plus accomplis de tous ceux que le temps a respectés.

Ces artistes furent contemporains d'Euclide, du poète Aratus, de Bion, de Moschus, de Théocrite, de Callimaque, d'Apollonius le Rhodien, du sage Polybe. Tandis que quelques écrivains grecs commençaient à perdre de vue les grands modèles, le goût des statuaires se conservait dans toute sa

(1) Plin. lib. XXXIV, cap. 18, § 1, edit. Hard.

(2) Plin. lib. XXXIV, cap. 19, § 7 et 20.

(3) Plin. ibid. § 23.

(4) Pline fait distinguer deux sculpteurs de ce nom. (Lib. XXXIV, cap. 19, § 27.) Le premier vivait dans la cent deuxième olympiade; Phocion avait épousé sa sœur. (Plutarch. in Phocion. tom. I, p. 750.) Le second était fils de Praxitèle; il paraît avoir travaillé à la cour des rois de Pergame. Ce Céphisodote est celui que Pline place avec raison à la cent vingtième olympiade. Plin. lib. XXXVI, cap. 4, § 6.

(5) Le nom d'Eubulus, fils de Praxitèle, se voit sur un hermès placé autrefois à la *villa* Negroni. Mus. Pio-Clem. tom. VI, tav. 21, p. 36; Caylus, Acad. des B.-L. tom. XXV, p. 333.

(6) « Lysippi sectæ propior, ut vix discernantur complura signa. » Plin. XXXIV, c. 19, § 8.

(7) Plin. lib. XXXIV, cap. 19, § 24.

(8) Plin. ibid. Diog. Laert. lib. VI, cap. 7, segm. 188, in Chrysipp.

pureté. Il semble même que l'amour des arts acquît de jour en jour une nouvelle énergie. Ce fut dans ce temps que les Cnidiens, accablés par les malheurs des guerres et par le fardeau des contributions, refusèrent de vendre la Vénus de Praxitèle pour une somme égale à toutes leurs dettes (1), et que le peintre Nicias, après avoir refusé soixante talents attiques (ou environ trois cent vingt-quatre mille fr.) d'un de ses tableaux, en fit présent à la ville d'Athènes sa patrie (2).

Polyeucte exécuta la statue que les Athéniens élevèrent à Démosthène après sa mort, la première année de la cent vingt-cinquième olympiade : cette statue était en bronze; il en existe plusieurs belles copies antiques (3).

La vérité, l'énergie, la légèreté, la souplesse qu'on admirait dans les ouvrages de Lysippe, se retrouvent dans la statue d'Agasias, faussement appelée le *Gladiateur combattant;* le style de cette belle statue et la forme des lettres employées dans l'inscription semblent nous autoriser également à placer Agasias parmi les élèves de Lysippe, ou du moins parmi les artistes qui lui succédèrent immédiatement, et qui adoptèrent ses principes (4).

Céphisodote, fils de Praxitèle, hérita des talents (5) et même des inclinations de son père. Il exécuta des statues des courtisanes Anyte et Myro (6); il modela aussi une Vénus que l'on voyait à Rome, dans le Musée d'Asinius Pollion (7), et un groupe de lutteurs dont Pline loue principalement la vérité (8).

Minerve, les Graces et Vénus elle-même semblaient avoir comblé de leurs faveurs l'heureux Cléomènes, sculpteur athénien. Les statues des Muses appelées *les Thespiades*, que ce digne successeur de Praxitèle avait

(1) « Omnia perpeti maluere, nec immerito; illo enim signo Praxiteles nobilitavit Cnidum. » Plin. lib. XXXVI, cap. 4, § 5, edit. Hard.

(2) Plin. lib. XXXV, cap. 40, § 28.

(3) Plutarch. vit. decem orat. pag. 847. On en voit une très-belle en Angleterre; elle est en marbre; elle appartenait, il y a quelques années, au duc de Dorset; elle est gravée dans le Winckelmann de Féa. (Tom. II, tav. VI.) Le Musée Napoléon possède une belle statue, dont la tête est évidemment une copie antique d'une tête de Démosthène. L'authenticité des portraits de cet orateur est complètement prouvée. On peut consulter à ce sujet le Musée Pio-Clémentin, tom. III, tav. XIV, et les Antiquités d'Herculanum, Bronzi, tom. I, tav. XI, XII, XIII et XIV. (Aujourd'hui au Musée royal, n° 92. — 1830.)

(4) Les caractères de l'inscription gravée sur le tronc de l'arbre placé auprès de cette statue indiquent, par leur forme, qu'elle est une des plus anciennes parmi celles qui portent des inscriptions.

(5) « Praxitelis filius. . artis hæres fuit. » Plin. lib. XXXVI, cap. 4, § 6.

(6) Tatian. Orat. ad Græc. pag. 114. (Oxon. 1700.)

(7) Plin. lib. XXXVI, cap. 4, § 6.

(8) « Hujus laudatum est Pergami Symplegma, signum notabile, digitis corpori verius, quam marmori impressis. » Plin. loc. cit.

sculptées pour la ville de Thespies(1), et qui furent apportées à Rome par Mummius (2), offraient des formes si élégantes, tant de vérité, tant de charmes, que l'une d'elles inspira une passion insensée au chevalier romain Junius Pisciculus (3). Est-ce à Cléomènes que nous devons l'admirable statue qui est pour nous le modèle accompli de la beauté? Cet artiste est-il le même que Cléomènes l'Athénien, fils d'Apollodore, auteur de la Vénus de Médicis? c'est ce que M. Visconti, à l'aide des rapprochements les plus heureux, semble avoir prouvé jusqu'à l'évidence (4).

La période suivante ne nous présente ni des noms moins célèbres, ni des ouvrages moins dignes d'admiration.

Les plus habiles artistes grecs, appelés à Rome, enrichirent cette ville, devenue la capitale du monde, d'une quantité de statues qui nous paraît aujourd'hui prodigieuse.

Polyclès, fils de Timarchide, sculpta un hermaphrodite en bronze, qui obtint une grande célébrité (5). Quatre belles statues antiques de marbre, entièrement semblables l'une à l'autre, dont une se voit au Musée Napoléon, peuvent en être des copies ou des répétitions (6).

Antée, Callistrate, Cléon, Calliclès, Céphis, Daïphron, Démocrite le Sicyonien, Apollodore et une foule d'autres artistes exécutèrent pour les grands de Rome, dans les derniers temps de la république, des bustes en bronze, représentant des philosophes (7); la plupart des marbres antiques qui nous restent en sont vraisemblablement des répétitions ou des copies. Ces marbres nous offrent dans de simples portraits tous les grands principes de la sculpture grecque.

Studieux imitateur de la nature (8), Pasitèle répétait souvent ce principe conforme aux opinions de Lysippe, que *la plastique est la mère de l'art statuaire;* que *le sculpteur et même le ciseleur ne doivent exécuter aucun*

(1) Plin. lib. XXXVI, cap. 4, § 10, edit. Hard.

(2) Cic. in Verrem, IV, cap. 2.

(3) « Quarum unam adamavit eques romanus, Junius Pisciculus, ut tradit Varro. » Plin. lib. XXXVI, cap. 4, § 12.

(4) M. Visconti a développé cette opinion dans un mémoire intitulé : *Note critique sur les sculpteurs grecs qui ont porté le nom de Cléomènes*, imprimé à Paris dans le journal de la *Décade littéraire*, an X (1802.) Ce savant nous fait espérer une nouvelle dissertation sur le même sujet. (Il ne l'a jamais publiée. 1830.)

(5) « Hermaphroditum nobilem fecit ». Plin. lib. XXXIV, cap. 19, § 20.

(6) Deux de ces figures sont à Rome au palais Borghèse; la quatrième est dans le Musée de Florence.

(7) Plin. lib. XXXIV, cap. 19, § 26, 27, 28, et al. loc.

(8) Un jour qu'il modelait un lion d'après nature, une panthère renfermée dans le voisinage rompit sa loge, et il se trouva dans le plus grand péril. « Non levi periculo diligentissim artificis. » Plin. lib. XXXVI, cap. 4, § 12.

ouvrage sans avoir fait auparavant un modèle en cire ou en argile (1). Cet artiste né dans la grande Grèce, vivait à Rome vers l'an 665 de la fondation de cette ville, dans la cent soixante-douzième olympiade (2).

Apollonius d'Athènes, fils de Nestor, dut travailler à Rome dans le temps de Pompée. Il est vraisemblable que son Hercule en repos, dont il nous reste un fragment admirable, appelé *le Torse*, décorait le portique élevé par cet illustre Romain (3); et la forme des lettres gravées sur ce précieux fragment ne permet pas de croire qu'il ait été fait avant le septième siècle de Rome (4).

Glycon d'Athènes paraît avoir vécu dans le même temps. L'Hercule Farnèse qui porte son nom est regardé comme un ouvrage original. La forme des lettres gravées sur cette figure prouve que Glycon n'était pas plus ancien qu'Apollonius (5).

Cléomènes d'Athènes, fils de Cléomènes, auteur de la statue connue sous le nom de *Germanicus*, ne saurait avoir vécu avant ces deux grands maîtres (6). Quel que soit le personnage romain dont cette statue nous offre l'image, l'artiste l'ayant représenté nu, elle ne peut avoir été faite avant le temps où les Grecs, forcés de flatter leurs maîtres, apprirent aux grands de Rome qu'ils pouvaient, dès leur vivant, être mis au rang

(1) Plin. lib. XXXV, cap. 45.

(2) Pasitèle devint citoyen romain lorsque le droit de cité fut accordé à toutes les villes de la grande Grèce. (Plin. lib. XXXVI, cap. 4, § 12.) Ce droit leur fut donné par la loi *Plotia*, en l'an 665 ou 666 de Rome. (Heinecc. Antiq. rom. jur. illustr. Append. ad lib. I, cap. 1, § 9.) Le même artiste composa un ouvrage en cinq volumes, renfermant la description des monuments les plus célèbres de tout l'univers. Plin. ibid.

(3) Il a été découvert dans les ruines de ce portique, auprès du théâtre de Pompée. Nous voyons dans Ovide, dans Properce et dans Martial, que ce portique, journellement fréquenté par la jeune noblesse de Rome, était décoré avec la plus grande magnificence. Il entourait un terrain orné de platanes, qui est aujourd'hui appelé *Campo di fiore*.

(4) L'oméga y est écrit ainsi ω, au lieu de Ω. Suivant le témoignage de Eckhel. (Doctrin. num. vet. proleg. gen. cap. 17, tom. I, p. 104), la lettre ω est peu ancienne. Un des premiers exemples est un Cistophore de Pergame, dont ce savant fait mention, et dont il fixe l'époque aux années 699 ou 700 de Rome. (Tom. IV, part. 1, pag. 354, num. 12, et pag. 360.) Cette médaille est gravée dans le *Tesoro Britannico* de Haym, tom. I, pag. 169 (édit. 1719.) Winckelmann cite un exemple du temps de Mithridate. Liv. VI, c. 4, tom. III, pag. 122.

(5) Le silence de Pausanias sur ces deux grands artistes prouve qu'ils avaient élevé peu de monuments dans la Grèce. Il est vraisemblable, d'après cela, qu'ils furent emmenés à Rome par Pompée, après la guerre des pirates. Ce général ayant visité la ville d'Athènes après sa victoire, les Athéniens gravèrent en son honneur des inscriptions dans lesquelles ils le plaçaient au rang des dieux. Ce fut alors qu'il dut concevoir le projet d'élever à Rome des monuments dignes d'être comparés aux chefs-d'œuvre de la Grèce.

(6) Cette statue se voit au Musée Napoléon. La tête paraît être un portrait. M. Visconti pense qu'elle représente un orateur romain, auquel l'artiste a donné les attributs de Mercure, dieu de l'éloquence. Not. du Musée Nap. n° 80. (Aujourd'hui au Musée Royal, n° 712.—1830.)

des dieux, et ce temps ne remonte point au-delà du siècle de Cicéron et de Pompée.

Diogènes orna de diverses sculptures le Panthéon de Rome bâti par Agrippa (1).

Philiscus de Rhodes sculpta des statues de Latone, de Diane, de Vénus, des neuf Muses, qui furent placées dans le portique d'Octavie, auprès des ouvrages de Scopas, de Praxitèle et de Timarchide, qu'on y avait rassemblés. Il fit deux statues d'Apollon; l'une, où le dieu était représenté nu, se voyait dans ce même portique; l'autre fut élevée dans un temple bâti vraisemblablement pour honorer ce chef-d'œuvre (2). Il est possible que les Muses Clio, Euterpe, Melpomène et Terpsichore, que l'on voit au Musée Napoléon, et dont il existe plusieurs répétitions, soient des imitations des Muses de cet artiste (3).

Lysias, Criton, Nicolaüs exécutèrent de grands ouvrages à Rome dans le même temps. Une Caryatide découverte auprès du tombeau de Cécilia Métella porte les noms de Criton et de Nicolaüs (4).

Stéphanus, élève de Pasitèle, et Ménélas, élève de Stéphanus, contemporains de ces mêmes artistes, conservèrent fidèlement les principes que Pasitèle leur avait transmis. Une statue que l'on voit à la *villa* Albani représentant, suivant toute apparence, un athlète victorieux, est un ouvrage de Stéphanus (5); le beau groupe de la *villa* Ludovisi, où Winckelmann a cru voir Electre et Oreste, porte le nom de Ménélas (6).

Ce fut, suivant toute apparence, sous le règne d'Auguste, que Ménophante fit une copie en marbre d'une statue célèbre de Vénus que l'on conservait à *Alexandrie Troas*. Ce marbre sur lequel il grava son nom subsiste encore (7). Nous possédons au Musée Napoléon une copie antique ou de la Vénus de Troas, ou de l'ouvrage de Ménophante.

Sous le règne de Néron, Zénodore exécuta dans l'Auvergne un colosse

(1) Plin. lib. XXXVI, cap. 4, § 11, edit. Hard.

(2) « Ad Octaviæ vero porticum, Apollo Philisci Rhodii in delubro suo. » Plin. lib. XXXVI, cap. 4, § 10.

(3) M. Visconti, Musée Pio-Clémentin, tom. I, tav. XVII, XVIII, XX et XXI, pag. 35, 36, 37, 42, 48.

(4) Plin. lib. XXXVI, cap. 4, § 10; Winckelmann, lib. VI, c. 5, tom. III, p. 152.

(5) Gaet. Marini, Inscrizioni antic. della villa Albani, class. V, nº 157, p. 173, 174.

(6) On voit une copie de ce groupe aux Tuileries, dans l'allée des orangers. (Elle ne s'y trouve plus: elle a été remplacée par un Hercule en bronze de M. Bosio. 1830.)

(7) Il appartient au prince Chigi. On en voit une gravure dans le quatrième volume du *Museum Capitolinum*, p. 352. L'inscription porte ces mots: ΑΠΟ ΤΗϹ ΕΝ ΤΡΩΑΔΙ ΑΦΡΟΔΙΤΗϹ ΜΗΝΟΦΑΝΤΟϹ ΕΠΟΙΕΙ. *Ménophante la faisait d'après la Vénus de Troas.* La ville d'Alexandrie Troas, appelée d'abord *Antigonie*, devint colonie romaine sous Auguste, et commença, sous ce prince, à jouir des mêmes droits que les villes d'Italie. (Cellarius, Not. orb. antiq. lib. III, cap. 3, sect. 2, § 5.) Par un effet de ces droits, la statue originale ne dut pas

en bronze, représentant Mercure (1). Appelé ensuite à Rome, il fit une statue colossale de l'empereur. Cette statue était en bronze; elle avait cent dix pieds de haut (2). Zénodore était-il né dans l'Auvergne? Pline ne le dit point, mais il donne lieu de le présumer (3).

L'admirable ouvrage d'Agésander, de Polydore et d'Athénodore, le Laocoon existait-il déja dans le temps de Virgile, comme l'ont présumé quelques écrivains modernes? Le silence de tous les auteurs antérieurs à Pline nous empêche d'adopter cette opinion (4) On pourrait supposer que ce groupe, ouvrage de trois artistes Rhodiens, fut fait à Rhodes, entre le règne d'Auguste et celui de Vespasien, et que ce dernier empereur le fit transporter à Rome, lorsqu'il réduisit l'île de Rhodes à l'état de province romaine (5). Il est cependant plus vraisemblable qu'il fut exécuté à Rome même, et terminé sous le règne heureux de Titus qui le plaça dans son palais (6).

Aucun auteur, aucune inscription ne nous a transmis les noms des sculpteurs qui exécutèrent les bas-reliefs de la colonne trajane. Si l'on considère le style de ce monument, on se persuadera peut-être que ces habiles artistes avaient hérité des principes de Lysippe, d'Euthycrate et d'Agasias.

Une foule d'ouvrages de sculpture, que l'on peut croire appartenir au règne d'Adrien, enrichissent les plus belles collections de l'Europe. Nous rappellerons de préférence les deux centaures de marbre noir trouvés à la *villa Adriani*, par la raison qu'ils portent l'un et l'autre les noms d'Aristéas et de Papias, sculpteurs natifs d'Aphrodisias, ville

lui être enlevée. Ce fut vraisemblablement cette difficulté qui détermina Auguste, ou quelque grand de Rome, à en faire faire une copie.

(1) Cette statue coûta quarante millions de sesterces, qui, suivant les calculs de l'abbé Barthélemy, représenteraient aujourd'hui environ neuf millions de francs. Zénodore y travailla pendant dix ans. Plin. lib. XXXIV, cap. 18, § 1.

(2) Suétone dit qu'elle en avait cent vingt. (In Ner. cap. 31.) Après la mort de Néron, ce colosse fut consacré au Soleil. Plin. loc. cit. et lib. V, cap. 5.

(3) Il dit positivement que c'était dans l'Auvergne que Zénodore avait acquis sa réputation. « Postquam satis ibi artem approbaverat, Romam accitus est a Nerone. » Plin. lib. XXXIV, cap. 18, § 1.

(4) Lessing paraît avoir très-bien prouvé que Virgile n'a point eu l'intention d'imiter ce groupe dans la description qu'il a faite de la mort de Laocoon, et même qu'il ne le connaissait pas. Du Laoc. ch. VI, p. 64 à 70 de la traduction française.

(5) L'an 74 de notre ère. Suet. in Vesp. cap. IX.

(6) Plin. lib. XXXVI, c. 4, § 11. Je supprime les preuves qui pourraient consolider cette opinion. Quelques unes ont déja été données sommairement par M. Visconti, dans le Musée Pio-Clémentin, tom. II, pl. XXXIX. Je ne dois point chercher à prévenir ce que cet illustre antiquaire doit dire à ce sujet, dans la Notice relative au Laocoon, qui sera publiée dans le *Musée français*. Le groupe de Zéthus, Amphion et Dircé, ou le *Taureau Farnèse*, ouvrage

de Carie (1). La beauté des images d'Antinoüs suffirait pour prouver d'une manière évidente que les Grecs, rappelés au bonheur par Adrien, possédaient, à cette époque, des artistes aussi habiles que les plus grands maîtres des siècles précédents.

Les monuments de Septime Sévère sont les premiers où se manifestent des signes de décadence ; quelques bustes de Caracalla rappellent même encore les jours brillants d'Auguste et de Périclès.

Cette décadence devint sensible de plus en plus sous les règnes suivants; le goût se corrompit chaque jour davantage après la division de l'empire romain ; cependant l'art ne s'anéantit point. Dioclétien, Constantin, Théodose construisirent des édifices dignes, du moins par leur immensité, de la grandeur romaine, et de nombreuses sculptures ne cessèrent point d'enrichir ces vastes monuments.

Dans les premières années du cinquième siècle de l'ère chrétienne, le sénat de Rome vota une statue au poète Claudien, et la fit élever dans le *Forum* de Trajan (2). En l'an 453, le pape saint Léon, après avoir délivré l'Italie des fureurs d'Attila, fit exécuter la statue de bronze de saint Pierre, qu'on voit encore dans l'église du Vatican (3). Vers l'an 483, Zénon l'Isaurien honora Théodoric d'une statue équestre qu'il fit placer à Constantinople devant son palais (4). Les ouvrages de sculpture en marbre et en bronze, faits dans le sixième siècle, sous le règne de Justinien, sont innombrables. Ce prince éleva dans le *Forum* appelé *Augusteum*, une colonne revêtue de bas-reliefs de bronze, sur laquelle il plaça sa propre statue équestre, colossale, de même métal (5).

d'Apollonius et de Tauriscus de Tralles, se voyait à Rome, dans le Musée d'Asinius Pollion, au temps d'Auguste. (Plin. lib. XXXVI, cap. 4.) Winckelmann ne l'a cru postérieur au Laocoon que parce qu'il a pensé que le Laocoon avait été fait dans le temps d'Alexandre.

(1) Mus. Capit. tom. IV, pl. XXXII et XXXIII, p. 165. On voit une répétition antique d'un de ces centaures dans le palais Borghèse ; il porte un amour enfant qui lui a lié les mains derrière le dos. (Scult. della villa Pinciana, stanz. IX, n° 1.) Il y a une copie de cette figure à Paris, dans le jardin des Tuileries. (Celui du palais Borghèse se trouve aujourd'hui à notre Musée royal, n° 134. 1830.)

(2) Claud. in Præf. Bell. Get. L'inscription de cette statue se voit dans Gruter, tom. I, p. 391, n° 5. Cinquante ans plus tard, le sénat fit élever une statue de bronze à Sidonius Apollinaris, et la fit placer pareillement dans le Forum de Trajan. Sidon. Apoll. lib. IX, ep. XVI, p. 284 ; et carm. VIII, vers. 8, p. 350.

(3) Marangoni, delle Cose gentilesche trasportate all' uso delle chiese, c. 20, p. 68; Fr. Cancellarius, de Secr. nov. Basilic. Vat. tom. III, p. 1504, ad 1510.

(4) Jornand. de Reb. Goth. cap. LII; Tillemont, Histoire des empereurs, tom. VI, p. 506.

(5) Procop. de Ædif. lib. I, cap. 8. Les Turcs ont fondu cette statue pour en faire des canons. Gyllius, qui écrivait au commencement du seizième siècle, dit l'avoir vue. Il assure que la jambe était plus haute qu'un homme. Gyllius, Constantinop. Topograph. lib. II, cap. 17 apud Gron. tom. VI.

Presque tous les empereurs, leurs femmes et leurs ministres avaient des statues. Léon l'Isaurien, célèbre par son attachement fanatique pour les opinions des Iconoclastes, s'en fit élever à lui-même un grand nombre (1).

Parvenue au douzième siècle de notre ère, la sculpture grecque n'offrait plus qu'une pure routine, mais étonnante dans ses vieux jours, cette routine n'avait point entièrement oublié la savante théorie dont elle avait reçu l'héritage. Le portail de l'église de Saint-Trophime d'Arles, terminé en 1152 (2), dernier soupir du ciseau grec, reporte l'imagination vers les plus belles époques de l'art; on y retrouve encore dans les attitudes du naturel, dans les draperies de la simplicité, dans les têtes de la vérité, de la dignité, de l'énergie, et quelquefois sur les bas-reliefs d'heureuses réminiscences des compositions antiques.

Des chefs-d'œuvre d'une haute antiquité, un Hercule de Lysippe, une Junon plus ancienne, honorée autrefois à Samos, des statues d'athlètes, des chars et des chevaux de bronze, apportés d'Olympie, conservés avec respect, embellissaient encore Constantinople dans le commencement du treizième siècle; et les Grecs gémirent sur la barbarie des Latins qui, dans le pillage de cette capitale, détruisirent sans pitié tant de vénérables monuments (3).

Enfin, vers ce même temps et pendant les deux cents années qui avaient précédé, les derniers artistes qu'ait produits la Grèce opprimée, appelés en Italie par de sages magistrats, y apportèrent la dernière étincelle du feu qu'ils n'avaient pas laissé périr (4). Pise, Sienne, Florence, recueillirent ce dépôt précieux; bientôt la flamme se ralluma; la Grèce, qui avait perfectionné les arts, eut, avant de tomber dans

(1) Il en avait plusieurs à Rome, vers l'an 729. Elles furent détruites à cette époque par le peuple, lors des différents du pape Grégoire II avec cet empereur. M. Heyne a donné une énumération très-détaillée des statues et des édifices élevés par les empereurs grecs, depuis Constantin jusqu'à Manuel Comnène, dans plusieurs dissertations intitulées : *Serioris artis Opera quæ sub imperatoribus Byzantinis facta memorantur*; (Comment. Societ. Reg. scient. Gotting. tom. IX, p. 36 et seq.) *De interitu operum quum antiquæ, tum serioris artis quæ Constantinopoli fuisse memorantur, ejusque causis ac temporibus, comment. prior*; (ibid. tom. XII, p. 273 et seq.) *Comment. altera* (ibid. p. 292 et seq.) *Artes e Constantinopoli nunquam prorsus exsulantes*, etc. (ibid. tom. XIII, p. 3 et seq.) Le lecteur pourra consulter ces savantes dissertations.

(2) Gallia Christ. tom. I, col. 561, C. D. On trouve une gravure de ce monument dans le voyage au midi de la France de M. Millin, Pl. LXX; mais elle n'est pas très-exacte.

(3) Nicetas, de Statuis œn. ign. trad. apud Fabric. Bibl. græc. tom. VI, pag. 405 et seq. Edit. 1708.

(4) Buschetto, architecte et statuaire, un des artistes grecs les plus renommés des derniers temps, fut appelé à Pise en l'an 1016, et bâtit la célèbre cathédrale qui fait encore l'ornement de cette ville. On peut regarder cet artiste et les sculpteurs qu'il amena de la Grèce comme les fondateurs de l'école moderne de sculpture. Les magistrats de Pise lui firent élever un tombeau. Vasari, Proem. dell. vite, p. 76, 77. Ed. 1759.

une entière servitude, le mérite de nous transmettre les restes de l'antique héritage. L'art n'avait pas péri dans l'Occident, mais ranimé par les productions des Grecs, il y puisa une sorte de grandeur, une âme, une expression, que depuis long-temps il ne connaissait plus.

Revenons maintenant sur nos pas, et considérons l'ensemble de notre travail. Quelle route immense nous venons de parcourir ! quel nombre prodigieux d'hommes illustres et de beaux ouvrages nous a présenté l'histoire d'un seul peuple ! Pendant les dix siècles écoulés depuis Dédale jusqu'à Phidias, nous avons vu s'élever, de toutes parts, de grands, de riches monuments, qui attestaient à chaque génération des efforts soutenus et des conquêtes successives. Chez le plus léger, chez le plus inconstant de tous les peuples, au milieu des révolutions et des guerres les plus sanglantes, nous avons vu l'art, dirigé dès son enfance par de sages principes, repousser toutes les erreurs, marcher avec constance vers le but auquel il devait atteindre, jamais ne rétrograder, ne s'arrêter jamais. Nous l'avons vu, parvenu au plus haut degré de perfection, se soutenir dans cet état glorieux pendant six cents années. Dix siècles avaient instruit sa jeunesse ; après la longue durée de sa vigueur et de sa gloire, dix siècles se sont écoulés durant son déclin ! Quelle différence entre cette marche ferme, soutenue, toujours progressive, et les nombreuses révolutions que l'art naissant à peine a dejà éprouvées parmi nous !

Antique patrie d'Homère, de Démosthène, de Lysippe, de Phidias, mère infortunée des lettres, des sciences et des arts, jamais nous ne t'aurons assez accordé de louanges et d'actions de graces ! Chaque jour nos vains efforts attestent la divinité de ton génie. Tous les hommes éclairés s'inclinent devant les dieux que formèrent tes enfants. Toi seule as montré l'art, rival de la nature, luttant avec elle dans la formation de la beauté. Tes exemples et tes préceptes doivent être nos guides ; si nous parvenons à égaler tes chefs-d'œuvre, ce ne sera qu'à force de les étudier : mais nous aurions en vain reconnu tes sages principes en vain nous posséderions tes ouvrages les plus admirables, nous n'obtiendrons jamais une gloire égale à la tienne, si nous n'apprenons encore, en imitant ta conduite, à vaincre l'inconstance de nos goûts.

P. S. Cet écrit ayant été publié en 1806, époque où il n'avait paru que très-peu de traités méthodiques sur la même matière, j'ai cru devoir le réimprimer tel à peu près qu'il était d'abord, sauf de nombreuses additions. Depuis sa publication, plusieurs illustres archéologues ont composé des ouvrages où les mêmes questions ont été discutées avec plus ou moins d'étendue. Je dois citer MM. Frédéric Thiersch, *Ueber die Epochen der bildenden Kunst unter den Griechen*, Munich 1825; Jacobs, *Ueber den Reichthum der Griechen an plastischen Kunstwerken*, Munich 1810; Ottfried Müller, dans ses deux ouvrages intitulés Orchomène, et, les Doriens; Böttiger, Archéologie de la peinture; Sillig, *Catalogus artificum græcorum et romanorum*, Dresdæ 1827; les savants auteurs des Mémoires qui forment le Recueil publié par M. Böttiger sous le titre d'*Amalthea* ou Musée de l'antiquité figurée, Dresde 1824; Quatremère de Quincy, *le Jupiter Olympien*, 1814. Mais les époques où j'avais placé les principaux chefs d'école n'ont point été changées. Ces maîtres sont Dipœnus et Scyllis, Callon d'Égine, Canachus l'ancien, natif de Sicyone, Glancias d'Égine, Calamis, Onatas, Phidias, Polyclète, dit de Sicyone, Naucydès, Lysippe, Praxitèle, Agasias, Pasitèle, Apollonius, mais principalement Callon, Canachus, Lysippe et Praxitèle, qui élevèrent l'art graduellement, depuis l'ancien style éginétique, jusqu'à sa plus haute perfection.

MM. Böttiger, Thiersch et Ottfried Müller pensent qu'il faut distinguer deux Théodore de Samos, l'un fils de Rhœcus, qui florissait vers le commencement des olympiades; ce serait celui dont parlent Diogène Laërce, liv. II, segm. 103, et Diodore de Sicile, liv. I, ch. 98; l'autre, fils de Téleclès, et petit-fils du même Rhœcus, serait celui dont Hérodote fait mention, liv. I, ch. 51; liv. III, ch. 41. Je suis d'autant plus disposé a me ranger à cette opinion, qu'elle est partagée par mon honorable confrère, M. Hase. Elle ne change rien à la marche que j'ai tracée des progrès de l'art.

On pourrait objecter contre mon sentiment au sujet de Canachus, que Xerxès enleva de Milet sa statue colossale d'Apollon Didyméen, la deuxième année de la soixante-quinzième olympiade (Pausanias, I, 16; VIII, 46), pour la placer à Ecbatane; et que la ville de Milet ayant été saccagée par Darius la troisième année de la soixante-onzième olympiade (Hérodote, VI, 18), il est à croire que cette statue n'y avait été consacrée qu'après ce dernier événement. Je répondrais que le pillage et la destruction même d'une ville ne supposent pas l'anéantissement des statues des dieux, témoin la ville de Corinthe, où furent conservées tant de statues anciennes. Mais il y avait ici un motif particulier pour faire respecter l'Apollon de Canachus, c'est le culte que les Perses rendaient au soleil. Nous voyons, dans Hérodote, qu'après la bataille de Marathon, Datis, général de Darius, ayant appris qu'un de ses soldats avait enlevé une statue d'Apollon de la ville de Délium, la transporta lui-même à Délos, comme un objet que sa propre religion lui enseignait à révérer (Hérodote, VI, 118). C'est ce sentiment qui porta Xerxès à placer la statue de Canachus à Ecbatane.

Heyne et d'autres critiques voudraient supprimer le nom de *Périclète* du texte de Pausanias, tant dans le chapitre 22 du livre II, que dans le chapitre 17 du livre V, et le remplacer par celui de *Polyclète d'Argos*, ou Polyclète le jeune, d'où il suivrait que celui-ci aurait été élève de Polyclète l'ancien. J'avoue que je ne saurais adopter cette correction, quand même elle semblerait autorisée par le texte de quelque manuscrit. Deux motifs me déterminent : le premier, c'est que Pausanias se trouve d'accord avec lui-même dans les deux passages, et qu'il dit formellement que Périclète était fils de Mothon, et frère de Naucydès ; le second est l'âge comparé des deux Polyclète, car Polyclète l'ancien, dit *Polyclète de Sicyone*, dut naître dans la soixante-quatorzième ou la soixante-quinzième olympiade, vers l'année 480 avant notre ère; et Polyclète le jeune exécuta son dernier ouvrage connu, qui est la statue de Jupiter *Milichius* d'Argos, au plutôt la deuxième année de la cent neuvième olympiade, l'an 343 avant J.-C. (Voyez la Biographie univers. articles *Polyclète de Sicyone, Polyclète d'Argos.*) Il y a par conséquent entre la naissance du premier de ces maîtres, et le dernier ouvrage connu du second, un intervalle de cent quarante ans. Une si grande distance suppose au moins une génération entre les deux Polyclète. En admettant avec Pausanias que Polyclète l'ancien a été le maître de Périclète, celui-ci le maître de son frère Naucydès, et Naucydès le maître de Polyclète le jeune, tout est d'accord. Mon opinion est conforme à celle de Facius, éditeur de Pausanias. Pausan. Græc. descript. lib. II, cap. 17, not. 12, tom. I, pag. 261.

IMPRIMERIE DE AMB. FIRMIN DIDOT,
RUE JACOB, N° 24.

www.ingramcontent.com/pod-product-compliance
Ingram Content Group UK Ltd.
Pitfield, Milton Keynes, MK11 3LW, UK
UKHW022151170726
13837UKWH00004B/1931